物語世界への没入体験

読解過程における位置づけとその機能

小山内秀和
Hidekazu OSANAI

京都大学学術出版会

若い知性が拓く未来

　今西錦司が『生物の世界』を著して，すべての生物に社会があると宣言したのは，39歳のことでした。以来，ヒト以外の生物に社会などあるはずがないという欧米の古い世界観に見られた批判を乗り越えて，今西の生物観は，動物の行動や生態，特に霊長類の研究において，日本が世界をリードする礎になりました。

　若手研究者のポスト問題等，様々な課題を抱えつつも，大学院重点化によって多くの優秀な人材を学界に迎えたことで，学術研究は新しい活況を呈しています。これまで資料として注目されなかった非言語の事柄を扱うことで斬新な歴史的視点を拓く研究，あるいは語学的才能を駆使し多言語の資料を比較することで既存の社会観を覆そうとするものなど，これまでの研究には見られなかった溌剌とした視点や方法が，若い人々によってもたらされています。

　京都大学では，常にフロンティアに挑戦してきた百有余年の歴史の上に立ち，こうした若手研究者の優れた業績を世に出すための支援制度を設けています。プリミエ・コレクションの各巻は，いずれもこの制度のもとに刊行されるモノグラフです。「プリミエ」とは，初演を意味するフランス語「première」に由来した「初めて主役を演じる」を意味する英語ですが，本コレクションのタイトルには，初々しい若い知性のデビュー作という意味が込められています。

　地球規模の大きさ，あるいは生命史・人類史の長さを考慮して解決すべき問題に私たちが直面する今日，若き日の今西錦司が，それまでの自然科学と人文科学の強固な垣根を越えたように，本コレクションでデビューした研究が，我が国のみならず，国際的な学界において新しい学問の形を拓くことを願ってやみません。

第26代　京都大学総長　山極壽一

はじめに

　「本は人をつなぎ，思いを伝える」。

　北村薫氏の小説「リセット」(北村，2001)に登場するこの一節に出会ったのは，筆者が大学の学部生のころであった。小学生時代から本を読むのが好きで，学校や地域の図書館に頻繁に通っていた筆者にとって，この一節との出会いは，「本を読むことはすばらしい行為なのだ」と改めて意識する出来事だったように思う。

　この体験が直接的なきっかけであったわけではないが，心理学を専攻した際に筆者が選んだ研究テーマは「物語」であった。恥ずかしい話になるが，子ども時代の筆者は読書が好きだったにもかかわらず，読書感想文を書くのが苦手であった。それどころか，小学校の6年間で読書感想文の宿題をきちんと提出した記憶がない。本書を手にとってくださった方の中には教育関係者もおられるかもしれないが，その方々にはただ謝るしかないような小学生時代であった。しかし，その経験があったために，自分以外の人間が読書をしたときにどのようなことを考えているのかが，当時からとても気になっていた。これが，学部の卒業研究から現在まで一貫して「物語を読む体験」を研究テーマとする筆者の原体験なのかもしれない。

　物語を読むという体験は，他の体験とは比べることができないような特異な性質を持っているのではないか，と考えることがある。それは決して筆者の個人的な感覚ではなかったようである。約1000年前の平安時代を生きた紫式部は，源氏物語の中でこのように書いている。少し長くなるが，文章の美しさも楽しみながら読んでほしい。

「このころ，幼きひとの女房などに時々読まするを，立ち聞けば，ものよく言ふものの，世にあるべきかな。虚言をよくしなれたる口つきよりぞ言ひ出だすらむとおぼゆれど，さしもあらじや」
とのたまへば，
「げに，偽り馴れたるひとや，さまざまにさも酌み侍らむ。ただ，いとまことのこととこそ，思う給へられけれ」
とて，硯おしやり給へば，
「こちなくも聞こえ落としてけるかな。神代より世にあることを，記しおきけるなり。日本紀などは，ただかたそばぞかし。これらこそ，道々しく詳しきことはあらめ」
とて，笑ひ給ふ。

これは蛍の巻に登場する一節である。光源氏が玉蔓に「物語などうそを言いなれた人が作るのでしょう」とからかったのに対して，玉蔓が「それでも私たちには，物語の内容が本当にあったことのように思えて仕方ないのです」と答える場面である。物語を読むことの特異性に紫式部が気づいていたことをうかがわせる，興味深い文章である。物語には，その内容をさも本当にあることのように感じさせ，読者を物語の世界へといざなう力があるように思われる。

　意外に思われるかもしれないが，これまでの物語に関する研究といえば，文章をどのように理解しているかという研究が主であった。物語を読む「体験」にアプローチする研究が北米やヨーロッパを中心にみられるようになってきたのは，ここ最近のことである。それらの研究をみてみると，物語を読むことにさまざまな効果があることが報告されている。たとえば，文章理解力や語彙力を伸ばす効果や，気分を切り替えたりすっきりさせたりする効果，さらには，他者の考えていることや意図していることを推測する力を伸ばす効果や，個人の態度や信念などを変化させる効果，などである。私たちが何気なく接している物語という文化資本が，これほどの効果を持っていることに驚くばかりであるが，さらに驚くことには，こうした効果がなぜ生じるのか，つまり，物語が読者に効果を及ぼすメカニズムは，まだほとんど解明されていないのである。おそらくそのメカニズム

には，私たちが物語を読むときの体験が関与しているのだが，現在のところ，世界中の心理学や文学の研究者が，それを検証すべく調査や実験を続けている。まさに最先端の研究トピックであるといえよう。

本書は，そうした営みの入り口となる研究成果を，できるだけ分かりやすく，面白く，そしてこうしたテーマの魅力が少しでも感じられるように，伝えることを目的として著した本である。内容としては，「物語を読む」という行為をしている人間にどのようなことが起きているのか，という問題に，心理学の立場から迫った研究をまとめている。本書は研究を紹介した本であるが，想定した読者は心理学の研究者や学生だけでなく，文学や教育学の研究者や学生，小学校から高校までの教諭の方々，そのほか読書家の方々や物語を製作する側におられる方々，「物語」に関心を持つすべての方々である。本書を手にとってくださる方が，物語を読むという体験の面白さとそれを研究することの奥深さを，少しでも感じていただけたなら，一研究者として，そして物語を愛する一読者として，望外の喜びである。

本書を読む際の注意点

本書は専門家と非専門家のどちらの方々にも手に取っていただけることを想定している。そのため，専門的な学術用語にはそれぞれ詳しい解説を付し，専門家以外の方々にも分かりやすく読んでいただけるように心がけたつもりである。

一方で，本書で紹介する研究の内容や扱う概念が正確に伝わるよう，統計的な分析結果などはそのまま記してある。たとえば，「$r = .30, p < .05$」といった数値などがこれに当たる。この部分は，非専門家の方々は読み飛ばして差し支えない。また，本書で紹介する研究では，因子分析，相関分析，分散分析，構造方程式モデリングなど，心理学でよく使われる統計手法が記述されている。因子分析と構造方程式モデリングについては，本書の分析の中核となる部分であるので本文の中で解説をしているが，それ以外の分析法については特に説明を加えていない。関心のある方は，心理統計に関する入門書を手にとられることをお勧めする。一見難しいと感じる統計学の理論と手法を，驚くほど分かりやすく解説して

いる書籍がすでに数多く存在するので，そうした本を本書のお供として紐解いていただければ，大いに理解が進むであろう。ただし，「相関」と「有意」という二つの統計用語については，本書の中で頻繁に登場する語であるので，ここで説明をしておきたい。

「相関」とは，二つの数値の関連性を示す概念である。たとえば，気温とアイスクリームの売り上げというような二つの測定値があったときに，その二つの数値に関連があるかどうかを統計的に分析するのが「相関分析」である。分析の結果算出される統計量を「相関係数」と呼ぶが，この数値は－1から1までの値をとる。上記の例を用いるなら，気温が上がればアイスクリームの売り上げが伸びることは容易に想像がつく。このように，一方の測定値が上がれば他方の測定値も上がるという関係を「正の相関」と呼び，相関係数は正の値をとる。逆に，一方の測定値が上がると他の測定値が下がるという関係は「負の相関」と呼び，相関係数は負の値をとる。どちらの場合も，1あるいは－1に近づくほど，両者の関連性は強いことを意味する。両者が無関係ならば係数は0となる。

もう一つの用語「有意」とは，あるデータの差異を考えるときに，その差が偶然によって生じたものであるかどうかを示す概念である。この，偶然によって生じるかどうかというのは，統計的仮説検定と呼ばれる手続きによって推測する。たとえば上述の例で，気温とアイスクリームの売り上げとの間の相関係数が0.4だったとしよう。そのとき，この値が「0」と有意に異なるかを調べることができる。相関係数が0より大きいというこの結果が偶然生じたものでなければ，この相関は「有意だ」と呼ばれる。逆に，たまたまデータのばらつきによって，偶然0より大きい値になっただけであれば「有意でない」と呼ぶ。このように，心理学では統計分析によって，測定値の差が「有意」であるかどうかを検討している。本書で紹介する研究でも，ほとんどの数値でこの検定を用いている。

そしてもう一つ，本書の中で引用する文献の表記についても説明をしておきたい。本書の中では過去の研究者や著者が書いた論文や書籍を多く引用している。その際，心理学での表記の慣例に従って，「(Miall & Kuiken, 1995)」や「Green and Brock (2000)」のように，引用した文献を著者名と出版年を併記することによって表している。また，もし著者が3名以上の場合には，その文献が最初に登

場したときには「(Kuiken, Miall & Sikora, 2004)」のようにすべての著者名を記すが，2度目以降の引用箇所では「Kuiken et al. (2004)」のように，最初の著者名だけを記して，第2著者以降の名前は「et al.」と省略している。なお，引用した文献のリストは本書の末尾に「引用文献」としてすべて明記した。引用文献は，第1著者の名前のアルファベット順に並んでいるので，文献を参照するときの参考にしていただきたい。

それでは，物語を読む読者がいったいどのような体験をしているのか，その実像を明らかにする旅にいよいよ出発する。最後にもう一つだけ注意点を述べよう。もしあなたが物語を好む方であるなら，自分が物語を読んでいるときのことをぜひ思い出しながら本書を読んでいただきたい。そうすれば，本書を理解する最大の助けになるはずである。

目　次

はじめに　i

本書を読む際の注意点　iii

第1章　「物語」を読むという行為
1-1　人間と物語のかかわり　3
 1-1-1　人間と物語の密接な関係　3
 1-1-2　「物語」とは何か　4
1-2　物語を読むという体験に迫る　6
 1-2-1　私たちはなぜ物語を読むのか　6
 1-2-2　物語を読むとはどのような体験なのか　8
 1-2-3　物語世界への没入　9
 1-2-4　本書の構成　10

第2章　物語への没入体験とはどのようなものか
2-1　物語読解の認知的過程　17
 2-1-1　物語を理解するプロセス　17
 2-1-2　物語理解とは「状況モデル」を心の中に構築すること　19
 2-1-3　状況モデルとは「物語世界」である　21
 2-1-4　物語理解は物語読解過程の一部である　22
2-2　物語読解における没入体験に迫る　23
 2-2-1　「状態」と「特性」　24
 2-2-2　催眠感受性と没入性　25
 2-2-3　読みへの没頭　27
 2-2-4　物語世界への移入仮説　27
 2-2-5　フロー体験　29
 2-2-6　登場人物への同一化　30
 2-2-7　共感と感情移入　31

2-3　物語への没入体験の全体像　32
　　2-3-1　没入体験を統合的に捉える試み　33
　　2-3-2　没入体験を構成する六つの要素　34

第3章　没入体験の「特性」を測る
　3-1　没入体験の日本語尺度を開発する　41
　　3-1-1　没入体験を「尺度」で測る　41
　　3-1-2　没入体験の「特性」を測る尺度は少ない　41
　　3-1-3　尺度の信頼性と妥当性を担保する　42
　　3-1-4　没入の「特性」を測れるLRQ　44
　3-2　文学反応質問紙の予備調査（研究1）　45
　　3-2-1　研究1の調査の目的　45
　　3-2-2　LRQを翻訳する　45
　　3-2-3　LRQ原尺度の妥当性　46
　　3-2-4　原尺度から項目を選抜する　50
　　3-2-5　予備調査の結果の考察　52
　3-3　日本版文学反応質問紙の本調査（研究2）　53
　　3-3-1　LRQ-Jはどのような尺度と関連するか　53
　　3-3-2　調査の概要　54
　　3-3-3　LRQ-Jの因子構造　55
　　3-3-4　LRQ-Jの信頼性　59
　　3-3-5　LRQ-Jと他の尺度との関連　60
　　3-3-6　LRQ-Jの信頼性と妥当性は示されたか　60

第4章　没入体験は読書行為とどう関連するか
　4-1　没入体験と文学的体験　67
　　4-1-1　物語への没入体験を読書行為に位置づける　67
　　4-1-2　「文学的体験」とは何か　68
　　4-1-3　没入体験と文学的体験の関係　69

4-2　物語への没入と読書習慣　71
　　4-2-1　没入体験と読書習慣　71
　　4-2-2　文学的体験と読書習慣　72
　4-3　女子大学生を対象とした読書活動の調査（研究3）　73
　　4-3-1　調査の概要　74
　　4-3-2　LRQ-Jと余暇活動の関連　74
　　4-3-3　関連性を詳細に分析する「構造方程式モデリング」　77
　　4-3-4　調査結果から何が分かるか　79
　4-4　一般社会人を対象とした文学的体験と読書習慣の調査（研究4）　82
　　4-4-1　没入体験や読書活動の男女差　82
　　4-4-2　批判的に考える傾向と没入体験　83
　　4-4-3　調査の概要　84
　　4-4-4　調査の結果得られたこと　85
　　4-4-5　調査結果からいえること　89

第5章　没入体験の「状態」を測る

　5-1　没入の状態を測定する「移入尺度」　95
　　5-1-1　没入体験のもう一つの側面　95
　　5-1-2　没入体験の「状態」を捉える　95
　　5-1-3　物語への移入―イメージモデル　96
　　5-1-4　移入尺度と移入尺度短縮版　97
　5-2　移入尺度日本語版の作成とウェブ調査による検討（研究5）　99
　　5-2-1　調査の目的　99
　　5-2-2　調査の概要　99
　　5-2-3　移入尺度の確証的因子分析　101
　　5-2-4　移入尺度の短縮版を作成する　102
　　5-2-5　日本語版移入尺度の性質　105
　5-3　日本語版尺度の妥当性を検討するための紙とペンを用いた調査（研究6）　107

5-3-1 移入尺度の妥当性を検討する　107
5-3-2 紙とペンによる調査の必要性　108
5-3-3 調査の概要　108
5-3-4 結果の分析　108
5-3-5 移入尺度の妥当性　109
5-3-6 どちらの移入尺度を用いればよいのか　111

第6章　没入体験が物語理解で果たす役割

6-1 物語の読みと没入体験の関係　115
6-1-1 没入体験と物語理解　115
6-1-2 物語理解過程のイメージと没入体験に関連はあるか　115
6-1-3 物語理解過程と共感の関係性　116
6-1-4 物語理解過程を実験によって明らかにする　117
6-2 没入体験が物語読解過程に及ぼす効果に関する実験（研究7）　119
6-2-1 実験の目的　119
6-2-2 実験の概要　119
6-2-3 読解時間と感情価の分析　121
6-2-4 没入体験は効果が見られたか　125
6-3 没入の教示が物語読解過程に及ぼす効果に関する実験（研究8）　127
6-3-1 教示によって没入の効果はみられるか　127
6-3-2 実験の概要　128
6-3-3 読解時間と感情価の分析　128
6-3-4 教示によって没入の効果が表れた　132

第7章　読書プロセスのなかでの「物語への没入体験」の位置づけと役割

7-1 これまでの研究が示す「没入体験」の実像　137
7-1-1 本書の目的と各研究の関係　137
7-1-2 没入体験の特性と状態は量的に測定できる　138
7-1-3 没入体験と関連する心理特性　140

7-1-4　没入体験は文学的体験を支えている　141
　　7-1-5　没入体験は読書の動機づけとして機能する　142
　　7-1-6　没入体験は物語理解を促進する　143
　7-2　物語読解過程に没入体験を位置づける　144
　　7-2-1　読みのプロセスに没入はどう関与するのか　144
　　7-2-2　物語読解において没入体験が果たす役割　145
　　7-2-3　新しい仮説モデル：「物語没入―読解モデル」　146
　　7-2-4　物語没入―読解モデルで説明できる読解過程　148
　7-3　心理現象の一つとしての「物語への没入」　150

第 8 章　「物語への没入」のこれから

　8-1　本書の研究がもつ学術的意義　155
　　8-1-1　「物語」を体験するメカニズム：認知心理学への貢献　155
　　8-1-2　物語と社会とをつなぐ：社会心理学や対人理解の研究への貢献
　　　　　　156
　　8-1-3　「実験文学」の構築に向けて：心理学以外の学問領域への貢献
　　　　　　158
　　8-1-4　今後の研究へ向けての課題　159
　8-2　物語研究は実践や社会でどう役立つか　159
　　8-2-1　没入体験の解明が教育に与える示唆　160
　　8-2-2　物語研究を活かした心理学的な支援の可能性　161
　　8-2-3　読書活動の普及に向けて　162
　8-3　おわりに　163

謝　辞　165
本書の内容と公刊された論文・学会発表との対応について　168
引用文献　171
索　引　183

第1章

「物語」を読むという行為

1-1　人間と物語のかかわり

1-1-1　人間と物語の密接な関係

　「物語」は人間にとってとても身近な存在である。たとえば書店や図書館に行けば多くの小説や文学作品が並んでおり，日常的に物語に触れる機会は多い。読書をする習慣はあまりなくても，テレビドラマや映画，アニメーションなど，映像となっている物語を楽しむという人も多いだろう。また，新聞やテレビなどのメディアを通して伝えられるニュースもまた，出来事の推移を伝える物語だと捉えることができるかもしれない。そして，小学校や中学校の国語科では小説や詩歌などの文学を読むことがすべての学年で取り上げられている。そうした経験をすべて含めるならば，私たちが物語に一切触れることなく人生を過ごすことは，おそらく極めて困難であろう。

　人間と物語との関わりは，人間が言語を用いはじめた瞬間にまで遡ることができる。進化論的観点から物語について考察した Boyd（2010）は，人間が知性を進化させる中で「物語」を生み出すようになっていく過程について，次のように指摘している。すなわち，人類が自分たちの周囲で起きる事象などを出来事として理解することができるようになると，それらの流れや経緯を芸術などの形で残すようになった。やがて言語を用いはじめた人間は，出来事を口承や語りの形式で理解し，また伝達するようになる。そして言語を表す記号として文字が用いられるようになると，こうした語りを，文字を用いた作品として残すようになり，こうした一連の過程が虚構（fiction）の生産につながったと述べている（Boyd, 2010）。もちろん，現代に生きる我々がその実態を直接知るのは困難であるが，聖書などの古いテクストによる研究を通してその一端を垣間見ることはできる（Barthes, 1961-71 花輪訳 1979）。わが国においても，現存する最古の書物である

古事記の序文には，物語を文字として残すことの困難さが述べられている[1]（倉野，1963）。物語をめぐる現在に至るまでの人間の歴史を詳しくたどることは本書の主旨からはずれるので，これ以上は他書に譲るが（たとえば，国文学的観点から物語や神話を検討した折口（2002, 2003）など），人間が文明の極めて初期から物語とともに歩んできたことは論をまたない（Oatley, 2011）。

　ここで問題となるのは，人間はなぜ現代に至るまでの長い間，物語と関わり続けているのだろうか，という問いである。これは，人間はなぜ物語を作り，読むという活動を続けているのか，と言い換えてもよいかもしれない。こうした問いに答えることは容易なことではないが，シンプルに考えるならば，人間が物語を読むということになんらかの意味や意義，あるいは効果のようなものを見出しているのではないか，という可能性が考えられる。それでは，人間にとって物語を読むことの意義や意味とは一体どのようなものなのだろうか。これを探るためには，まずは，我々が物語に触れるときにどのような体験をしているかを解明することが前提として必要となる。そこで本書では，人間が古くから関わってきた物語を読むという行為に注目し，人間が物語を読む過程においてどのような現象が生じているのかを，心理学的な手法を用いて実証的に検討していきたい。

1-1-2　「物語」とは何か

　まず，そもそも「物語」（narrative, story）とはどう定義されるのだろうか。これまでに，心理学に限らずさまざまな学問領域，また文学評論などの領域で定義の試みが行われてきた（Barthes, 1961-71 花輪訳 1979）。たとえば Genette（1972 花輪・和泉訳 1985）は，物語には三つの概念が含まれていると指摘している。第1は一般的な辞書的定義にも通ずる，一つあるいは一連の出来事を記したものという意味，第2はもう少し厳密な，複数の出来事の継起とそれらの関係性という意味，そして第3は個人の経験した（あるいは創作した）出来事を語る行為という意味である。文学理論では第2や第3の意味が重視されることが多いが（Iser,

---

1) 古事記の序文には，「言意ならびに朴にして，文を敷き句を構ふること，字におきてすなわち難し」（倉野，1963, p. 16）という一節がある。

1976 轡田訳 1982）．このように物語の定義は実に多様であり，物語に特定の定義を与えることはできないとする指摘（真銅，2007）さえ存在する．

以上のような定義は主に文学の領域において行われたものであるが，心理学においても物語はさまざまな領域で検討されてきた．たとえば，ヒトの認知機能を明らかにしようとする認知心理学では，文章理解プロセスを解明する一環として検討がなされてきた（たとえば，Sanford & Emmott, 2012; Radvansky, 2012）．また，生涯にわたるヒトの変化に迫ろうとする発達心理学では，子どもの認知的発達という観点からアプローチがなされてきた（たとえば，Engelen, Bouwmeester, de Bruin, & Zwaan, 2011）．一方，人間が他者と関わり集団をなすという側面に注目する社会心理学では，物語の持つ人間への説得効果や態度変化の効果に注目が集まっている（たとえば，Green & Brock, 2000）．そして人間の心理的な課題や障害を扱う臨床心理学では，物語の持つ治療的意義を探るための研究がなされている（たとえば，Greenhalgh & Hurwitz, 1998 斎藤・山本・岸本訳 2001）．

では，これら多様な心理学領域の中で物語はどのように定義されているのだろうか．これらの研究の中で用いられたり提案されたりしている定義にはさまざまなものがあり，一つではない．たとえば Bruner（1986）や Green and Donahue（2008）は物語を，因果的つながりで結びつけられた複数の出来事と登場人物とを提示するものであると捉えている．一方 Mar and Oatley（2008）は物語を，出来事の一連の流れを示しつつ，複数の登場人物の関係性と，人物たちが抱く意図や欲求の推移を描くものだと述べている．さらに Sanford and Emmott（2012）は，これまでの定義には「出来事の因果関係についての言及がある」という共通点があることを指摘し，(a) 出来事が表象，あるいは推論できる形で示されていること，(b) 出来事や登場人物の状況などが継時的に示されていること，そして (c) 先行する出来事がその後の出来事に因果的な影響を与えていること，という定義を提案している．このように，「物語」には研究者によってさまざまな定義が与えられているが，本書では以上のような議論を踏まえて，物語の定義として「単一あるいは複数の登場人物が関わる出来事が，継時的に，かつ因果関係が明示あるいは暗示された形で記述されている文章」[2]を提案する．

なお，物語に類似した概念として小説（novel）や文学作品（literature），そし

て虚構(fiction)というものがある。このうち小説については，上記の定義に従えば物語に包合されるものと考えてよいだろう。文学作品には散文と韻文といった区別や，随筆や私小説といった細かな区分が存在するが，多くの文学作品は上記の定義を満たしていると考えられるため，本書では小説と同様物語に含まれる一群の文章として扱う。一方，虚構は実際の出来事ではなく作者や語り手が想像の中で生み出したものと考えられるため(Boyd, 2010; Oatley, 2011)，物語には虚構と非虚構(non-fiction)の二つが存在すると考えられる。本書で紹介する実証的検討では主に虚構の物語を用いるが，そのことは決して，本書で述べる物語に触れたときの体験の性質が非虚構の物語には適用できないことを示すものではないことを，ここに記しておく。

1-2 物語を読むという体験に迫る

1-2-1 私たちはなぜ物語を読むのか

冒頭でも触れたとおり，多くの人々は子ども期から物語に触れる活動を行っている。それでは，なぜ人間は物語を読むのだろうか。物語を読むという行為が広く受け入れられている背景には，多くの人々が，物語を読むという行為に価値があると感じているという点がまず挙げられる。物語を読むことの価値とはどのようなものなのだろうか。

物語は，学校教育，とりわけ国語科の教育で取り上げられる中心的な単元の一つであるといえるだろう。学習指導要領には，子どもたちが学ぶ各単元についての狙いが書かれている（文部科学省，2008a, b）。たとえば小学校の国語科をみてみると，「読む」という単元では，物語の場面を想像することや，登場人物の行動や心情の描写に目を向け解すること，さらにはそれらについて自分なりの考えを抱くことなどが，各学年での狙いとして取り上げられている（表1-1）。つま

2）物語の形式としては文章以外にも実写映像，アニメーション映像，演劇，マンガなどのメディアが存在するが，これまでの研究の多くが文章による物語を扱っていることに鑑み，本書では物語文章に焦点を当て，これを用いた検討を行う。

表1-1. 学習指導要領「国語」における物語の読みに関する内容

	学年	第2章第1節「国語」の記述
小学校学習指導要領	1, 2年生	第2 2-C-(1) イ 時間的な順序や事柄の順序などを考えながら内容の大体を読むこと。 ウ 場面の様子について，登場人物の行動を中心に想像を広げながら読むこと。
	3, 4年生	第2 2-C-(1) ア 内容の中心や場面の様子がよく分かるように音読すること。 ウ 場面の移り変わりに注意しながら，登場人物の性格や気持ちの変化，情景などについて，叙述を基に想像して読むこと。
	5, 6年生	第2 2-C-(1) エ 登場人物の相互関係や心情，場面についての描写をとらえ，優れた叙述について自分の考えをまとめること。
中学校学習指導要領		第2 2-C-(1) ウ 場面の展開や登場人物などの描写に注意して読み，内容の理解に役立てること。 エ 文章の構成や展開，表現の特徴について，自分の考えをもつこと。

注：文部科学省（2008a, b）より抜粋して作成

り，物語を読むという体験が子どもの発達と学力の向上にとって重要であるという観点が見て取れる。

　これまで，物語を読むことが子どもの発達や心理的なはたらきにポジティブな効果をもたらすということは，多くの人々によって主張されてきた。そして，こうした主張を支える根拠となるような研究成果も，近年数多く報告されるようになった。物語の効果としてまず挙げられるのが，言語力に対する効果である。物語を含めた読書が個人の言語能力を向上させることは，メタ分析によっても確認されている（Mol & Bus, 2011）。日本においても，物語に触れることは言語能力と関連を持つということが，小学生を対象とした調査から明らかになっている（猪原・上田・塩谷・小山内，2015）。また，物語を読むことで心理的にすっきりしたり，楽しみや満足感を得ることができたりするという効果も，数多く報告されている（Green, 2004; Tal-Or & Cohen, 2010）。さらに近年では，他者に情報を与えてその態度を変化させたり説得をしようとしたりするときに，情報を物語の形式で提供するほうが，より説得の効果が高いということも報告されている（Chang,

2008; Green, 2004; Green & Brock, 2000; van Laer, De Ruiter, Visconti, & Wetzels, 2014)。そして，物語を読めば思いやりの気持ちを育てることができるという主張についても，それを裏付ける研究が行われてきている。すなわち，物語を多く読む習慣を持っている人は，他者の視点に立って理解をする傾向が強く，他者への思いやりの気持ちを抱く傾向にあるということ，とりわけ，そうした効果は文学作品を読むことと関連していることが報告されている（Djikic, Oatley, & Moldoveanu, 2013; Kidd & Castano, 2013; Mar & Oatley, 2008; Mar, Oatley, Hirsh, dela Paz, & Peterson, 2006; Mar, Oatley, & Peterson, 2009; 佐々木，1998）。このように，物語を読むことが数多くの効果を私たちにもたらしてくれることが明らかになっている。

1-2-2　物語を読むとはどのような体験なのか

　ここで問題となるのは，物語を読むことの効果は，どのようなメカニズムに支えられているかということである。それを明らかにできれば，物語をより多くの場面で，より多くの人々に，より効果の高い方法で提供し，その効果をこれまでよりも多く人間にもたらすことができるかもしれない。これを解明するためには，人間が物語を読むときにどのようなことが起きているかを明らかにする必要がある。言い換えれば，物語を読んでいる人がどのようにそれを理解し，どのような心的プロセスを体験しているかを明らかにすることが求められる。

　しかしながら，こうした「本を読むときの体験」に迫る研究は，世界的にもあまり行われていない。物語を読むとき，私たちはその内容をただ理解するだけでなく，読むことによってさまざまな感情を生起するといったように，多様な経験をする。たとえば，読みながらその内容に興味をそそられ，時に興をそがれ，また共感し，感動し，興奮するといったような経験をしたという人は多いだろう。私たちはコンピュータのように読んだ物語をただ記憶するだけでなく，読みにともなってさまざまな感情を体験するものである。海外では近年になって，物語読解時の体験を測定するための質問紙がいくつか開発されており，それらを用いて物語を読解する際の心的プロセスが検討され始めている。しかしながら，こうした研究はこの15年ほどで始まった新しいものであり，まだその成果は充分に蓄積

されているとはいえない。さらに，わが国ではこうしたテーマに焦点を当てる研究はこれまでほとんど行われていない。その要因の一つは，読者の体験を測定する質問紙が開発されていないという点にある。そうした質問紙をわが国でも用いることができるようになれば，物語を読むことの本質と，それらが人間にもたらしてくれるさまざまな効果を解明する有効な手段となるはずである。

1-2-3 物語世界への没入

では，私たちは物語を読むときに，具体的にどのような体験をしているのだろうか。1-2-2で述べたように，物語に触れるときにはさまざまな体験が生じるが，その体験には，読みながら物語の情景を生き生きとイメージしたり，登場人物に共感したりすることで積極的に物語世界へと入り込み，物語の世界をさながら現実の世界であるかのように感じるといった体験をともなうことがしばしばある。そしてそれは時として，作品とその登場人物とに世界や人間の本質を見出すといった，文学的な体験にもつながることがある。こうした体験の存在は，古くは平安時代から知られていたことが文学作品などから垣間見ることができる[3] (e.g., 與謝野，1971)。心理学の領域ではこうした体験について，1980年代にNell (1988) が論考を加えている。Nellはその著書 "Lost in a book" の中で，読書という活動は人間にとって特別なものであり，とりわけ読者は楽しむための読み (reading for pleasure; ludic reading) をしていると指摘した。そして，そうした読書が持つ大きな特徴の一つとして，読者が容易にその活動に熱中して作品に書かれた世界を現実のように体験できるという点を挙げている。これと前後して，読者が物語に熱中する，あるいは入り込む体験へのアプローチがいくつか行われ，"absorption　没入" (Tellegen & Atkinson, 1974) や "reading involvement　よみへの没頭" (Baum & Lynn, 1981; Fellows & Armstrong, 1977), "transportation　移入" (Green, 2004; Green & Brock, 2000) などの概念が提唱されてきた。

---

3) 冒頭「はじめに」で紹介したように，源氏物語の第25帖「蛍」には，物語がたとえ嘘や作り物であったとしてもその内容は「どうしてもほんとうとしか思われないのでございますよ」(與謝野，1971, p. 92) と述べる玉鬘が登場する。

こうした，物語の内容を理解した先にある体験を解明することは，1-2-2で触れたような，物語の持つさまざまな恩恵を科学的に理解するために極めて重要である。そこで本書では，読者が物語を読む行為とその内容とに集中し物語世界に入り込むという体験を「物語世界への没入」(immersion in the narrative worlds) と名づけ[4]，この体験の全体像を浮かび上がらせることを目的とした諸研究を紹介する。具体的には，次の三つの点を課題として設定する。第1は，わが国でも使用可能な没入体験の測定尺度を開発することである。第2は，読者に生じる没入体験と文学的な体験との関係，そしてそれらと物語を読む行動との関連を明らかにすることである。そして第3は，物語に没入するという体験が，物語を読むときの心理的な過程とどのように関連しているのかを明らかにすることである。この三つの観点を明確にすることで，これまでおぼろげにしか示されてこなかった「没入」という体験の全体像を，科学的に描き出すことができるだろう。

1-2-4　本書の構成

本書では，私たちが物語を読むことで得ているものの本質を理解するために，読者が物語を読んでいるときの体験そのものに注目する。特にその中でも，物語を読むときに読者がその作品世界に入り込んでありありと作品世界を体験する「物語への没入体験」に注目し，これの実像を解明することに焦点を当てる。そこでの主な目的は，次の三つに整理することができる。

1. 物語への没入体験を客観的に測定するために，わが国で使用できる尺度を新たに開発する。
2. 1で開発された尺度を用いて，物語への没入体験がどのような体験なのかを，読書活動という観点から明らかにする。

---

4)「没入」という用語に関連して，臨床心理学では「自己没入」(self preoccupation) という概念が提唱されている（坂本, 1997; Sakamoto, 1998）。これは抑うつに関連する個人特性であり，自己への注意や注目が持続しやすい傾向を示すものであるが，本書で取り上げる物語世界へ入り込む現象としての「没入体験」はこれとは全く異なる概念である。

3．物語への没入体験が，読む過程，すなわち物語を理解するときの心的過程とどのような関係にあるのかを明らかにする。

　以上のような目的にしたがって，本書では，これまでのさまざまな研究を整理しつつ，筆者が新たに行った研究を通して，物語への没入体験に迫ってみたい。ここで，本書の構成を紹介しよう（図1-1）。
　まず第1章では，人間がなぜ物語を作り，また読むのかという問いを提起し，物語とは何かという定義について論じた。次いで，近年の心理学やその近接領域で物語がさまざまな効果を持つということが相次いで報告されていることを紹介した。一方で課題として，物語が持つ効果のメカニズムが充分に解明されていないこと，その解明のためには，読者が物語に触れたときにどのような体験をしているかを探究することが不可欠であること，そして，そうした研究が特にわが国においてほとんどなされていないことを指摘した。こうした課題をクリアするためには，物語を読んでいる個人の体験を測定する，わが国で使用可能なツールを開発することが不可欠である。そこで，特に物語世界に没入するという読者の体験の特異さについて述べた上で，物語への没入をどのように測定できるか，それらはどのような特徴をもち，読みにおいてどのような役割を果たしているのかという本書が扱う問題として三つの研究目的を述べた。
　続く第2章では，物語を読むという過程と物語世界への没入が心理学でどのように扱われてきたのかを紹介する。まず，物語を読み，理解するという行動の心的過程についてこれまでの認知心理学的研究を紹介する。次に，没入という現象がこれまでにどのような文脈で，どのように検討されてきたのかを，さまざまな研究を元に整理し，物語世界への没入が具体的にどのような体験なのかを概念的に明らかにする。
　第3章から第6章までは，筆者らが行った8個の研究を順に紹介する。まず第3章では，読者の物語世界への没入体験を測定する第1の尺度を作成した研究を紹介する。Miall and Kuiken (1995) は，没入体験を文学的な体験の一つとして捉え，それらの個人差を測定できる文学反応質問紙を作成した。そこで，この日本語版尺度を開発するために行った二つの研究を紹介する。まずこの文学反応質

問紙を日本語に翻訳して行った予備調査について（研究1）を紹介し，次に，その結果を踏まえて最終的な日本語版尺度を作成し，信頼性と妥当性の検討を行った調査結果を報告する（研究2）。

第4章では，文学反応質問紙が測定する読者の体験とはどのようなものであるかについて検討した二つの研究を紹介する。読者が文学作品を読んだときに感じるさまざまな体験を「文学的体験（literary experience）」と呼ぶが，これらがいったいどのような構造を持っているのかを，大学生を対象とした調査（研究3）と，一般社会人を対象とした調査（研究4）という二つの調査を通して検討した。その際，回答者がどのような読書習慣を持っているかを同時に調査することで，文学的体験という人間の内面で生じている過程が，読書という行動とどのように関連しているのかについても検討した。

第5章では物語の読解時における没入「状態」に注目する。第3章で開発した文学反応質問紙は，読者が「普段」どの程度物語に没入し，どの程度文学的体験を「しやすいか」という「特性」を測定する尺度である。しかしこれでは，読者が実際に物語を読んでいるときに没入状態をどの程度体験したかを直接測定することはできない。そこで，没入体験を測定する第2の尺度として，Green and Brock（2000）が作成した移入尺度の日本語版を作成し，幅広い年代を対象としたウェブ調査（研究5）と，大学生を対象とした紙と鉛筆による調査（研究6）を通して，わが国で用いることのできる没入体験を測定するための信頼できる尺度を開発することを試みた。

第6章では，物語読解過程において没入がどのような役割を果たしているかについて検討する。第5章までの研究では質問紙を用いた調査を行っていたが，この方法では，実際に物語を読んでいるときの認知的過程に迫ることは難しい。人間が物語を理解する過程そのものに，没入がどのような役割を果たしているかを調べることは，没入体験の全体像を把握するために極めて重要である。そこで第6章では，物語読解課題を用いて実際に参加者に読んでもらうという実験の結果を紹介する。その際，参加者へ与える教示を操作し，普段小説を読むように自然に読んでもらう条件（研究7）と，物語の内容に注目して，イメージを喚起したり共感したりするように心がけながら読んでもらう条件（研究8）という2種類

研究の背景	本書のテーマ「没入体験」と研究目的の説明	【第1章】(この章)	
	没入体験に関するこれまでの研究成果のまとめ	【第2章】	
筆者の研究の紹介	目的1 わが国で使用できる物語への没入の測定尺度の開発	【第3章】 (研究1) (研究2)	【第5章】 (研究5) (研究6)
	目的2 没入体験の実像の解明	【第4章】 (研究3)(研究4)	
	目的3 没入と物語の読みの関係の解明	【第6章】 (研究7)(研究8)	
研究のまとめ	物語読解過程に没入体験を位置づけるモデルの提案	【第7章】	
	没入体験に注目することの意義と今後の展望	【第8章】	

図1-1. 本書の章立てと内容

の実験を行った。この結果について紹介するとともに，それらの意味するところは何か，そして没入するという体験が私たちの物語の理解にどのような影響を与えているのかを考察する。

　第7章では，第6章までの実証的検討を踏まえた総合的な考察をする。物語への没入がどのような体験であるのかという本書の問いに対して，測定手法の開発，文学的体験と読書習慣，そして読解の心理的過程という三つの観点から答えることを試みる。さらに，物語を読解する過程における没入の位置付けと役割についても論じる。これまでの研究で提唱されている物語理解のモデルを紹介しながら，没入体験と物語読解そのものとの関連を整理できる新しいモデルとして，第6章までの研究の成果を踏まえた「物語没入―読解モデル」(narrative immersion-reading model) を紹介する。

　最後に第8章では，本書が示した成果が今後の研究にどのように貢献できるか，そして社会に対してどのようなことを提言できるかについて，二つの観点から論ずる。第1に，没入という観点からみた物語とその読みについての研究成果

が，心理学のその他の研究にどのように貢献するかを考える。そして第2に，「物語に没入する」という体験を解明することが，心理学などの学問領域だけでなく，教育や文学，芸術などの社会，文化にどのように貢献するか，その可能性を展望する。

第2章

物語への没入体験とは
どのようなものか

夜に家でくつろいでいるとき，休日のぽっかりと空いた時間，あるいはどこかに移動する電車やバスの中で，本を開く瞬間のことを想像してみよう。私たちは物語を読むとき，知らず知らずのうちにその世界に引き込まれるような体験をしている。お気に入りの本を開き，再びその本から顔をあげたとき，日常の世界とは全く異なる，物語の中の世界を冒険してきたような感覚にとらわれたり，いつの間にか時間がかなりすぎていてびっくりしたりといった体験である。多くの人間にとって（とりわけ本書を手にとっている読者諸氏にとって）その体験は身近なものであるかもしれない。とはいえ，日常の中で体験している心理現象を客観的に記述することは難しい作業である。そこで第2章では，物語の世界に没入する体験について，これまでの研究成果を紹介しながら心理学的に記述することを試みたい。しかしながら，「物語への没入」という体験を理解するためには，まずは「物語を読む」ということがどのような活動なのかを理解しなければならない。物語へ没入するという体験の基盤は，とりもなおさず物語を読むという行為そのものであり，その過程は，文章として呈示された物語の世界を理解するところから始まる。そこで，本章の前半では，読者が物語をどのように理解しているのかという問題について，物語理解に関する認知心理学的研究を紹介する。その上で，物語世界への没入とはどのような体験であるのかを明らかにするため，関連する諸領域の研究を整理し，没入体験の構成要素を示した上で，本書がこの没入体験にどのようにアプローチしてゆくかを明らかにする。

2-1　物語読解の認知的過程

2-1-1　物語を理解するプロセス
　物語を読むという行為において内容を理解する過程は「物語理解」（narrative

comprehension, discourse comprehension, story comprehension) と呼ばれる (Graesser, Mills, & Zwaan, 1997; Olson & Gee, 1988)。心理学，とりわけ認知心理学の領域では，読者が物語文章を読んだときにその内容がどのように記憶され，または表象として構築されるかについて検討されてきた。

　物語に限らず文章の読みに関する心理学的な研究は，記憶の研究から出発したといってよいであろう。代表的な研究として，Bartlett（1932 宇津木・辻訳 1983）が記憶内容の想起について行った一連の研究における，物語を刺激材料として用いたものがある。この中で Bartlett は，20名の実験参加者に北アメリカの民話を2回読んでもらい，内容を記憶させた。そして15分から数年という間隔をあけて物語をできる限り正確に再生してもらった。その結果，参加者の記憶した物語は，元の民話からは大きく変わったものになっていた。たとえば登場人物などの固有名詞が消失したり，再生された物語が元の民話にはない一貫性を持つようになったり，当時のイギリスの学生にとってなじみの無い「カヌー」が脱落し，代わりにボートが登場したり，というような変容が生じていた。このような結果について Bartlett は，参加者の記憶が，参加者の知識の中にある枠組みによって合理化された結果生じた変容であると指摘し，その枠組みのことを「スキーマ」（Scheme）と呼んだ。スキーマとは，個人の体験や記憶などに基づく構造化された知識のことであり，読者は自分の体験を通して積み重ねた知識を元に，物語を理解しているということが明らかになったのである。このスキーマの概念は，文章理解プロセスの研究においても重要な位置を占めるものとなっている。

　物語理解研究の領域では，スキーマに関連した概念がいくつか存在する。これらの多くは，1970年代に相次いで報告された。Schank and Abelson (1977) は，人間の知識の一部は，日常の中で体験する典型的な状況に関する記憶と，そこで行われるルーチン化された行動パタンとを結びつけることによって組織化されているという理論を提唱した。たとえば「食事」という概念には，「レストラン」や「ウエイター」といった場面設定と，「料理を注文する」や「伝票を持ってレジへ行く」といった行動が体系的に結びついている。こうした，状況とそこで最も多く見られる行動とが結びついた一般的知識は「スクリプト」(script) と呼ばれる。Schank（1982 黒川・黒川訳 1988）によれば，スクリプトは理解過程におい

て基礎となる情報を提供し，文章を通して入力された情報をつなぎ合わせる働きを持つ。すなわち，物語の中においてレストランの場面が出てきた場合，レストランの一般的な場面と我々がレストランで行う一連の行動の知識が活性化して，直接記述されていないような登場人物の行動についても推測することができる（川崎，2001）。現在スクリプトはスキーマの下位概念であるとみなされており（Zwaan & Radvansky, 1998），物語理解においてどのように機能するかについて，実験を用いた研究も行われている（Bower, Black & Turner, 1979; Graesser, Woll, Kowalski, & Smith, 1980）。

一方，物語の展開に一定の法則性があることに注目した研究もみられる。Thorndyke（1977）は，たとえば子どもが読むような単純な物語プロットにも，主人公が直面する問題，解決の試み，そして問題の解決といったように，規則的な内部構造が存在すると主張した。この構造を規定する規則を彼は物語文法と呼び，これによって読者は作中の出来事の因果関係や登場人物の動機，目標などを予測できるとした。また，物語文法とよく似た概念として物語スキーマ（Mandler & Johnson, 1977; Mandler, 1982）がある。これらは文章が示す内容のスキーマではなく物語自体の構造に言及する理論であるが，これらもまたスキーマの下位構造であるといえよう。

2-1-2 物語理解とは「状況モデル」を心の中に構築すること

スキーマやスクリプトといった概念は，物語理解において人間の記憶の中にある認知的枠組みが役割を果たしていることを示唆するものであるが，スキーマを用いて私たちはどのように物語の内容を理解しているのだろうか。認知心理学では，物語理解は，文章に記された内容を一貫した心的表象[5]として構築することと捉えている（米田，2010）。すなわち物語理解の過程では，読者はその文章に関する「表象」を構築していると考えられる。このとき構築される表象は単一なも

5）ここでいう心的表象とは，人間が世界を理解するために必要となる，環境から切り離し抽象化した形式のことであり，その抽象度，環境からの乖離度によってさまざまな階層（知覚的，エピソード記憶的，言語・抽象的など）が想定されている（Kintsch, 1998）。

のではなく，さまざまな階層の表象が同時に構築されている。私たちは文章を読むとき，それをそのまま理解できるわけではない。まずは文字や単語などを理解し，次に，それらのまとまりである文や文章そのものを理解し，最後に，文章が示すまとまった意味内容を理解している。この，文字や単語の表象，文と文章そのものの表象，そして文章が表す物語の内容に関する表象は，それぞれ別個のものとして構築されると考えられている（Nell, 1988; Oatley, 2002）。文章理解過程で構築されるこれらの表象は順に，「表層形式」(surface form)，「テキストベース」(textbase)，そして「状況モデル」(situation model)（あるいは「メンタルモデル」mental model）と呼ばれている（Johnson-Laird, 1983; Kintsch, 1998; van Dijk & Kintsch, 1983; Zwaan & Radvansky, 1998）。このうち最後の表象である「状況モデル」は，文章に書かれた内容について読者の体験に基づいて構築される表象である[6]。人間は，この状況モデルを構築することで，文章を「物語」という一つのまとまりとして理解することができるのである。

　状況モデルの概念に関しては，これまでにさまざまな理論が提唱されている。代表的なものとしてはイベントインデックスモデル（Zwaan, 1999b; Zwaan, Langston, & Graesser, 1995; Zwaan & Radvansky, 1998）や共鳴モデル（O'Brien & Myers, 1994），コンストラクショニスト理論（Graesser, Singer, & Trabasso, 1994），コンストラクショニストモデルを拡張したランドスケープモデル（van den Broek, Risden, Fletcher, & Thurlow, 1996; van den Broek, Young, Tzeng, & Linderholm, 1999）などがあり，またこれらの理論を統合的な枠組みに位置づける試みもなされている（e.g., 井関，2004）。以上のような個々の理論がどのようなものであるかはここで詳しく述べることはしないが，これらの中で，最も研究が多く行われてきている理論の一つとしてイベントインデックスモデルを挙げることができる。イベントインデックスモデルの大きな特徴は，物語内容に関する状況次元が設定されていることである（Radvansky, 2012; Zwaan & Radvansky, 1998）。

6）状況モデルとスキーマとの違いについて Zwaan and Radvansky（1998）はタイプとトークンという関係にあると述べている。すなわちスキーマは一般的な知識の枠組みであり，状況モデルはそれを材料としつつ自身の体験に基づいて構築される表象とされる。

すなわち，読者は物語に記述された時間，空間，出来事の因果関係，登場人物（または主人公），物語全体の目標（ゴール）という五つの次元の情報を収集し，読み進める間，それぞれの次元ごとにモニターして適宜情報を更新していると仮定されている（Zwaan, Langston et al., 1995; Zwaan, Magliano, & Graesser, 1995; Zwaan & Radvansky, 1998）。

2-1-3 状況モデルとは「物語世界」である

イベントインデックスモデルに従えば，読者は物語内の出来事がいつ，どこで，誰によって，どのように生じ，また出来事に関与する登場人物がどのような目標と心的状態を持って行動しているかを表象として構築していると考えられる。ところで，こうした次元で構成される状況モデルは，現実世界の知覚と類似した知覚的なものであると指摘されている（常深・楠見，2009; Zwaan, 1999a）。たとえば「森林警備員は空にワシを見つけた」という文と「森林警備員は巣にワシを見つけた」という文を読んだとしよう。この二つの文は構造が同じであるにもかかわらず，それぞれの文を読んだときに思い描くワシの視覚イメージは大きく異なっている。これは，読者がそれまでの経験からワシの知覚イメージを活性化させ，「ワシが空にいるときは飛んでいる」「ワシが木にいるときは止まっている」と理解しているからだとされる（Zwaan, 2004）。このように，読者は物語理解の過程で現実世界の経験や知識を元に状況モデルを構築することから，それらは現実世界と同じか，あるいはそれに類似した「物語世界」（narrative world, story world）であると捉えることができる（Busselle & Bilandzic, 2008; Segal, 1995）。ここでいう物語世界とは，物語に記述された状況や出来事について読者が構築する表象であり，現実世界についての表象と類似した特徴を持つ（Busselle & Bilandzic, 2008; Mar & Oatley, 2008; Oatley, 2011）。すなわち，物語に描写された時間や空間といった設定が現実世界と同様に矛盾なく構築されていることや，登場人物が現実世界の人間と同じように認識し，感情を抱き，行動する存在であるという前提が，現実世界と同じように適用される。そして読者は，その前提に従って物語世界を構築していくとされ，この意味において読者は物語世界をまるで現実世界であることのように疑似的に体験していると考えられる（米田，2010;

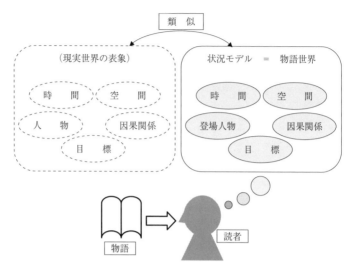

図2-1. 物語理解過程で読者が構築する物語世界

Zwaan, 2004)。このため，物語は現実の社会的経験の「シミュレーション」として機能すると指摘されている（Mar & Oatley, 2008; Oatley, 1999a)。

　以上のような考察に基づくと，読者が体験する物語理解とは図2-1のように表すことができる。すなわち，読者は物語を読む過程で，現実世界に類似した構造を持つ状況モデルを構築することで物語を理解し，物語世界を疑似的に体験していると考えられるのである。

2-1-4　物語理解は物語読解過程の一部である

　2-1-3までで見てきたように，物語の読みは読者が物語世界を構築するプロセスであると考えることができる。しかしながら，第1章で述べたとおり，我々が物語を読む際に体験するのはそういった認知的な側面ばかりではなく，さまざまな体験が含まれるものである。本書で扱うのは物語を読みながらその世界に没入するという体験であるが，これを考察するには，これまで述べてきた物語理解だけではない，幅広い過程としての「読み」を捉えていく必要がある。この読みの過程には，これまで「鑑賞」（阪本，1971）と呼ばれてきたような物語への認知

的,情動的反応や評価,あるいは,後述する自己変容体験(Kuiken, Miall, & Sikora, 2004; Miall & Kuiken, 2002)や読者のテクスト受容(Iser, 1976 轡田訳 1982)といった,「文学的体験」などが含まれる(文学的体験については4-1で詳述する)。そこで,本書ではこうした過程を「物語読解」(narrative reading)と捉えることとする。すなわち,物語世界への没入は,物語読解の中で生じる体験であり,物語理解過程で構築された物語世界に入り込んだような体験をすることといえる。2-2ではこの仮説的枠組みに基づいて,物語読解時に生起する現象としての「没入」について考察する。

2-2 物語読解における没入体験に迫る

　第1章でも触れたように,物語世界に入り込む体験は古くから極めてよく知られた現象であった。物語文は説明文とは異なり,楽しみながら読むこと(ludic reading)が多く,そうしたときには本にのめり込む体験はとても重要な要素である(Nell, 1988)。それらは,読書への興味や内発的動機づけの一部として働き,人間の読書活動を支える心理的メカニズムとして注目されている(Greaney & Newman, 1990; Schiefele, 1991; Wigfield & Guthrie, 1997　レビューとして Schiefele, Schaffner, Möller, & Wigfield, 2012)。また,前節で述べた状況モデル理論の見地からも,たとえば主人公のおかれた状況がどのようなものかを想像し,主人公とともにその環境内を移動したり主人公の知覚を疑似体験したりするなど,時に豊かな物語表象を構築し,その世界に入り込むような体験をすることが指摘されている(福田, 1996; Zwaan, 1999a; Zwaan, 2004)。このように,没入体験は読書活動と物語読解に密接に関連していると考えられるが,「没入体験」とはいったいどのような体験を指すのかという問題については,あまり議論がなされていない。これまでの研究によって,さまざまな形で没入現象への言及がなされてきたが,そうした諸理論は,没入体験を示す用語も,その指し示す具体的な概念も一貫しておらず,また,それら理論同士の関係性も充分に整理されているとは言い難い[7]。そこで本節では,没入現象に関するこれまでの理論について論じ,没入体験がこれまでどのように研究の文脈で取り上げられてきたかを紹介する。その後

で，それらを踏まえたより統合的な枠組みから，物語読解における没入の概念を整理し，本書が明らかにしようとする「物語世界への没入」現象の定義とその射程とを明確にすることを試みる。

2-2-1 「状態」と「特性」

没入体験とは何かという本題に入る前に，心理学における「心理現象の捉え方」について説明をしておきたい。

私たちが体験するさまざまな心理的な体験は，時間や状況によって大きく変化する。たとえば，恋人ができたり，昇進が決まったりといった出来事があれば，うれしい，楽しい，といった感情を多く体験し，さまざまな活動に積極的に参加したり，他者との交流も増えたりするかもしれない。逆に，何かつらい出来事や悲しい出来事があれば，気分が落ち込み，友人と遊びに行こうという行動は少なくなるかもしれない。このように，私たちの心の動きは状況や出来事によって刻々と変化する。こうした，心のはたらきの中でも変化する側面を「状態」(state) と呼ぶ。

一方，そうした変化がありながらも，長い期間を通して他者を眺めてみると，あの人は社交的だ，あの人は引っ込み思案だ，というように，個人ごとに一定の傾向があることも見て取れる。このように，個々の出来事による心理的な変化を超えた，個人それぞれの心理的な傾向のことを「特性」(trait) と呼ぶ。特性はいわば，一般にいわれる「性格」に近いものとも考えられる。心理学ではいわゆる人間の性格を「パーソナリティ (personality)」と呼ぶが，特性はパーソナリティを構成するさまざまな要素であるといえる。

心理学では，多くの心理現象をこの「状態」と「特性」という二つの側面から明らかにしようとしてきた。以降，本書でも，没入体験などの心理現象を「状

---

7) 本書で取りあげる先行研究では，没入現象を示す用語には absorption, being lost, engagement, involvement などがあり，類似してはいるが研究者間で異なった用語が用いられている。一方，それぞれの用語のわが国における訳語は定まっていない。そこで本書ではそれぞれについて，邦文文献を参照しつつ，できる限り原語の意味を反映するように訳語をあてることとする。

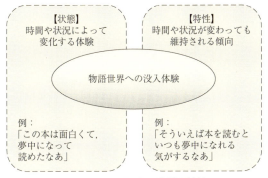

図2-2．心理現象の状態と特性

態」と「特性」の二つの側面から迫っていくことにする。すなわち，物語への没入体験には，ある本を読んだときには没入できたが別の本を読んだときにはそうでもなかった，というような体験の「状態」と，ある人は（読んだ本の種類や読んだ状況によってその程度は異なるとはいえ）物語に没入しやすいが別の人はあまり没入しない，というような体験の「特性」の両面があると考えるのである（図2-2）。前者は，ある人が特定の本を読んだときに体験する没入体験の強さを，後者はある人が持つ「物語への没入のしやすさや体験する頻度の多さ」を，それぞれ表している。

2-2-2 催眠感受性と没入性

そもそも，読書に限らず何かに「入り込む」，あるいは「のめり込む」現象とは，どのように定義されるのだろうか。物語だけでなく，何らかの外的対象や思考に入り込む体験は，1960年代から80年代前半にかけて，催眠という現象の枠組みで検討が行われてきた。催眠は人間が日常の中で体験している意識状態とは異なる状態であるが，催眠状態になりやすいかどうかには大きな個人差がある。そうした個人差，すなわち催眠への反応性や親和性の個人差は「催眠感受性」(hypnotic susceptibility)，「被催眠性」(hypnotizability) あるいは「被暗示性」(suggestibility) と呼ばれる。「没入」は当初，それらを予測する心理的な特性として検討されてきた。

人間の心理特性としての「没入性」(trait absorption) は，Tellegen and Atkinson (1974) によって提唱された概念である。彼らは，催眠感受性を予測するための尺度として71項目の調査質問紙を作成し，因子分析の結果得られた3因子のうち一つの因子を「没入性」と名づけた。彼らによると没入は，ある特定の注意対象を体験したりそれらを頭の中でモデル化したりすることに，全ての表象機能が用いられてしまう状態とされており，風景，音楽，人間，過去の記憶などの表象に，全ての注意が向けられる傾向と記述される (Roche & McConkey, 1990; Tellegen & Atkinson, 1974; Wild, Kuiken, & Schopflocher, 1995)。言い換えれば，催眠感受性の高い人は，風景や音楽，物語などに注意を集中させやすく，のめりこむ体験を頻繁にしている傾向があるということになる。一方，催眠感受性に関連する心理特性として，類似した概念がこれ以外にも提唱された。たとえばHilgard (1965) は，催眠感受性の高い人の事例をもとに面接調査を行い，感受性の高い人の特徴として (a) 感覚的な体験をよく好む，(b) 子ども時代によく空想をしていた，(c) 読書やドラマへのめり込みやすい，などの特徴を見出し，そうした傾向を「イメージへの没頭」(imaginative involvement) と名づけた。またWilson and Barber (1983) は被催眠性の高い群と低い群とを対象に面接調査を行った結果，高群の多くが豊かな空想を体験しており，低群に比べて体外離脱体験やテレパシーといった現象を報告する人が多いことを明らかにした。Wilsonらはこのような心理特性を「空想傾向」(fantasy proneness) と呼び，これらが催眠感受性と強く関連することを指摘している。

　没入性やそれと類似した概念は，これまでにそれぞれ心理尺度，すなわちアンケート形式で心理特性を尋ねるツールによって測定する試みがなされてきた。没入性についてはTellegen and Atkinson (1974) が，イメージへの没頭はDavis, Dawson, and Seay (1978) が，また空想傾向はMerckelbach, Horselenberg, and Muris (2001) がそれぞれ測定尺度を作成しているが，この三つの概念はいずれも，イメージへの没入傾向を指すという点で同じものであると指摘されている (大宮司・芳賀・笠井, 2000)。これらの尺度には小説やドラマ，映画などの作品世界への没入を問う質問項目が含まれているが，没入性や空想傾向，イメージへの没頭などは，物語を含めた空想世界に注意を集中させ，それにともなって外界に

対する注意や意識が一時的に減少または消失するという体験を示す概念であると考えられる。言い換えれば，これらの概念は「注意の集中」と「外界への意識の消失」を中心とした概念と捉えることができるだろう。

2-2-3　読みへの没頭

上述したような催眠感受性研究に関連して，初期には読解にともなって生じる物語世界への没入が「読みへの没頭」（reading involvement）と呼ばれ，実験的検討がいくつか行われた。たとえば Fellows and Armstrong (1977) は，事前に行った被暗示性テストによって参加者を高得点群と低得点群に分け，短編小説を読んでもらった。そして，読解時に生起した没頭体験として，情景のイメージ化，登場人物への同一化，外界への気づきの消失，物語への批評的思考の停止など7項目の尺度に回答してもらった。その結果，被暗示性高群は低群よりも物語に没入したことが示され，またこの没頭得点と同じ尺度で普段の読書時について評定してもらった得点との相関は，被暗示性高群において有意となった。一方 Baum and Lynn (1981) は，参加者が物語を読んでいる間に音を鳴らし，被暗示性の高い群と低い群で音への反応時間を比較した。その結果，行動指標である反応時間には両群に有意な差は認められなかった。一方で，読解への集中の程度や物語内容をどれだけイメージできたか，登場人物にどれだけなりきれたかなどを測定したところ，両者に有意な差が見られたと報告している。以上のように見てゆくと，読みへの没頭は物語への注意の集中に加えて，「情景のイメージ化」や「登場人物への共感」といった体験も含む，比較的広い概念であると考えられる。

2-2-4　物語世界への移入仮説

それでは，「物語」に対象を絞った研究にはどのようなものがあるだろうか。最初に紹介するのは，社会心理学の領域で近年になって提唱された理論である，物語世界への移入仮説である。この概念は物語への没入現象を考える上で重要な概念であり，また2-2-2で取りあげた没入性とも関連すると考えられる[8]。

8） transportation の訳語として，ここでは小森 (2012) に従い「移入」を用いた。

「物語世界への移入仮説」(transportation into narrative world hypothesis) は Green and Brock (2000) によって提唱された理論である[9]。Green らは情報を物語として呈示することが個人の態度や信念に大きなインパクトを与えること (e.g., Chang, 2008) を指摘し，そのメカニズムとして移入という概念を提唱した。移入とは，全ての心的システムが物語内の出来事に集中してしまうプロセスであるとされている (Green & Brock, 2000; Green, Brock, & Kaufman, 2004)。物語を読む間，読者は時間の感覚を失い，自分の周囲で起きていることを知ることができなくなる代わりに，物語世界にすっかり入り込んでいるような感覚を抱く (Green, 2004)。その結果，読者は現実世界に関する知識へのアクセスが減少すると同時に，物語に関するイメージが喚起され，物語に描かれた出来事を鮮明に体験する。これが，読者の信念や態度が変化するメカニズムだとされている (Green & Brock, 2002)。彼らは，移入体験の「状態」を測定するための尺度を開発し，実験参加者に実際に物語を読ませることで，移入によって態度変化が起こることを実験的に明らかにした (Green & Brock, 2000)。さらには移入のしやすさ，すなわち特性の個人差を説明する概念として，移入傾向 (transportability) という概念も提唱されている (Mazzocco, Green, Sasota, & Jones, 2010)。

Green and Brock (2000) が行った実験は以下のようなものである。まず，実験の参加者に精神障害者による殺人事件を描いた物語を読んでもらい，その後で，精神障害者の保護政策に対する読者の態度を測定した。その結果，物語に深く移入した参加者はそうでない参加者に比べて，精神障害者に対する拘束を認める制度を肯定するように態度が変化していた。これは，物語に没入することが個人の態度に影響することを示すものである。移入の研究についてはこれ以外にも，たとえば宝くじに関する物語を読むことによってくじの購買行動への態度が肯定的に変化することや (McFerran, Dahl, Gorn, & Honea, 2010)，禁煙に関する物

---

9)「物語世界への移入」という表現は Gerrig (1993) によるものである。Gerrig は文学作品の読解を旅にたとえ，読後に自己に変化が生じていることを新しい経験を得て旅から帰ってくることになぞらえて表現している。Green and Brock (2000) はこの Gerrig の考察に沿う形で物語による個人への影響を移入という語で説明しようとしたのである。

語映像への移入が視聴者のその後の禁煙行動を予測すること (Williams, Green, Kohler, Allison, & Houston, 2010) など,さまざまな領域で検討されている。一方で,物語に移入すると読後の喜び体験や物語へのリアリティの感覚が高まると指摘されている (Green, 2004; Green et al., 2004; Tal-Or & Cohen, 2010)。このように,移入に関する研究は数多く行われており,文学作品などの物語を読んだときの体験を解明する上で最も有力な理論の一つと考えられている (Busselle & Bilandzic, 2008, 2009; Green & Carpenter, 2011)。

2-2-5 フロー体験

没入性や移入などが提唱された研究領域以外でも,人間の行動を支える動機づけの研究において,物語への没入体験を説明するような概念が提唱されている。その代表といえるものが「フロー体験」(flow experience: Csikszentmihalyi, 1990) である。フローは,もともと人間の自発的活動や行動したことに対する喜びを体験することのメカニズムとして提唱されたものであり,全ての注意が特定の行為に注がれ,自分が行っているその行為と自分とが切り離されているという感覚がなくなる状態である。この定義からも分かるとおり,フローは没入性と関連の深い概念である (Wild et al., 1995)。フローが起こる対象には日常生活のさまざまな活動が含まれるが,ある活動においてフローが起こるには,その活動のレベルと行為者の能力とのバランスが取れていることが必要だと考えられている。すなわち,その活動をすることが容易ではないが,しかしそれをすることが難しすぎないというときに,フローは生じやすいとされている。物語読解を例にとれば,一貫した意味のある物語世界の構築がフロー体験の対象となる (Busselle & Bilandzic, 2008)。Csikszentmihalyi 自身は,読書や物語読解に対してのフローを直接的に取りあげているわけではないが,物語読解では読者が主体的に物語世界を構築する活動へのフローが起こっていると考えられている (Busselle & Bilandzic, 2008)。またフロー体験は,その対象となる活動からもたらされる喜びや楽しみと関連しており,物語読解時に感じる「楽しみ」体験の重要な要素でもある (Oatley, 2011)。さらに,フロー体験は物語世界への移入とも類似した体験であることが指摘されており (Green, 2004; Green et al., 2004),移入は読みながら

物語世界を構築するという活動へのフローが起こっている状態として説明できるといわれている（Busselle & Bilandzic, 2008）。

2-2-6 登場人物への同一化

これまで見てきた「没入性」「移入」「フロー体験」はいずれも，物語を読むことに集中し，物語のイメージを鮮明に喚起している状態を表す概念であった。一方で，読者が物語世界へ没入しているときにはそれ以外にも，作中の登場人物になったかのような体験をしたり，登場人物の感情を共有したりすることがしばしばある。こうした体験も，没入現象の重要な側面であると考えられ，同一化や感情移入，共感などと呼ばれている。本節ではまず，文学やコミュニケーション学の領域で検討されている「登場人物への同一化」という概念を紹介しよう。

同一化（identification）は，もともと精神分析学において用いられた語であった。すなわち，幼児期にあたるエディプス期の子どもが，葛藤を解消するために親の役割をとろうとするという，空想的な心的メカニズムを表すものであった（Freud, 1940 津田訳 2007）。しかしこの語は，やがて他の領域の研究者が独自の形で用いるようになり，人間が自己の同一性，すなわち自分が自分自身であるという感覚を抑制し，他者や物語内の人物の視点で世界を想像的に体験する現象を指すようになっていった（Bettelheim, 1976; Wollheim, 1974）。Cohen（2001）は，物語の登場人物に対する同一化について概念整理と定義づけを行った。それによれば，同一化とは物語の読者あるいは聴衆と物語内の登場人物との相互作用の結果生じる現象であると指摘した。読者はこのとき，自分の同一性を登場人物のそれと置き換え，自分が読者であるという意識が薄れて一時的に登場人物として作中の出来事を体験するようになる。物語を読むときの同一化は，多くの場合物語に没入しているときに生じていることが多いと考えられる。Tal-Or and Cohen（2010）は，物語への移入と登場人物への同一化が同時に生じることが多いことから，読者に事前に与える情報を操作して，両者を個別に測定する実験を行った。その結果，事前に主人公の過去やポジティブな側面の情報が与えられると同一化が促進され，未来に関する情報が与えられると移入が促進されることが明らかになった。このことは，移入と同一化が同時に生じてはいてもそれぞれ異なる

過程を有していることを示唆している。しかしながら，両者は全く独立しているわけではなく，同一化が移入と同様に読者の態度を変化させることが指摘されている (de Graaf, Hoeken, Sanders, & Beentjes, 2012; Igartua, 2010; Murphy, Frank, Chatterjee, & Baezconde-Garbanati, 2013)。このように，同一化という現象が物語の没入体験に含まれるのかどうかという問題にはまだ結論は出ていないが，物語への注意の集中と同一化がほぼ同時に起こることが多い点を重視して，本書では没入体験の要素の一つとして捉えることにする。

2-2-7 共感と感情移入

読者と登場人物との関係については，同一化以外にも「共感」(empathy) や「感情移入」(sympathy) という語で説明されることも多い。没入している読者と登場人物とは認知的，情動的につながった状態にあり，登場人物と同じ認知や感情を読者が抱きやすいと考えられるが (Cohen, 2001; Gerrig, 1993; Oatley, 1999a; Tal-Or & Cohen, 2010)，同一化が前述したように登場人物の視点になりきるという認知的側面を重視するのに対し，共感や感情移入は，登場人物の感情の理解という情動的側面を重視していると考えられる。一般的な共感を研究する文脈では，物語の登場人物への同一化や視点取得などは共感の下位概念として扱われており，他者に共感しやすい特性である共感性を測定する尺度にも「ファンタジー」(fantasy) 因子が含まれていることが多い (Davis, 1983; 登張, 2003)。

物語を読むことで読者に情動的反応が生じることは数多く指摘されているが (Greaney & Neuman, 1990; 佐々木, 1998; Van Der Bolt & Tellegen, 1996)，登場人物に対する読者の感情は共感や感情移入として捉えることができる。この二つの語はしばしば同じ意味を示すことがあるが，両者が異なっているとする理論も存在する。その場合，共感は登場人物の心情をそのまま読者が感ずることを示すのに対し，感情移入は出来事や登場人物に対する読者自身の感情反応を示すと区別される (Braun & Cupchik, 2001; Cohen, 2001; Coplan, 2004; Kneepkens & Zwaan, 1994; Oatley, 2002)。たとえば，主人公が苦境に陥っている場面を読んだとき，読者が主人公と同じようにつらいと感じるのは「共感」であり，主人公を何とか助けてあげたい，がんばってほしいという体験をするのは「感情移入」であるといえ

る。Braun and Cupchik (2001) は，この二つを読者の物語に対する「美的距離」の違いとして説明する。すなわち，物語に対する距離が近い読者は，一人称的な視点（登場人物の視点）を取ることで共感的に読むが，物語との距離が遠い読者は，二人称または三人称的な視点を取ることで出来事やエピソードそのものに対する読者自身の感情を体験する傾向があるという。この理論に従うならば，Cohen (2001) のいう同一化を体験している読者は，共感的な感情を経験しているということができるだろう。

　読者が体験する共感は，物語を理解する過程においても一定の役割を果たしていることが示唆されている。Miall (1988, 1989) は，文学作品を読むときに読者が体験する感情には三つの役割があるとしているが，そのうちの一つに自己準拠性を挙げている。これは，読者が物語の内容を自身の体験や記憶と結びつけ，登場人物に同一化してその感情に共感することで，物語の理解が深まることを指す。この指摘について実験的に検討した米田・仁平・楠見 (2005) は，一度最後まで読んだ物語を再度初めから読ませると，再読の際には主人公について記述した文において共感が高まることを示し，読者が体験する共感は特に主人公の理解と関連すると指摘している。さらに，主人公の感情についてイベントインデックスモデルに準拠した検討を行った Komeda and Kusumi (2006) は，主人公に共感しながら読むようにと教示すると状況モデルがより詳細に構築されることを示している。

2-3　物語への没入体験の全体像

　前節までは，物語への没入現象に関してこれまでに提唱されてきた六つの理論を紹介してきたが，これらの理論は相互に関連する現象を扱っていたり，その指し示す内容が重複していたりするものが多く含まれているように思われる。実際，物語への没入体験をより統合的な観点から捉えようという試みもなされている。そこでこの節では，物語への没入という体験を多次元的に捉えようとする研究を紹介する。

2-3-1 没入体験を統合的に捉える試み

これまで見てきたように,没入に対するアプローチはさまざまな領域から行われてきたが,物語への没入傾向を統合的に測定する研究も行われてきた。Miall and Kuiken (1995) は,文学理論とりわけ読者反応論(たとえば,Iser, 1976 轡田訳 1982)などを概観しながら,これまで読者が物語に接したときの反応や体験を測定する尺度はほとんど作成されていないと指摘した。そこで彼らは,没入体験を含めた広く一般的な「文学に触れたときの体験」の特性的側面を測定する尺度として,68項目からなる質問紙を作成した。文学反応質問紙(Literary Response Questionnaire; LRQ)と呼ばれるこの尺度は,(a) 読解に伴って生ずる洞察,(b) 物語世界の鮮明なイメージ化,(c) 登場人物への共感,(d) 日常からの逃避や没頭としての読書,(e) 作者や文体への注目,(f) ストーリー性への注目,(g) 文学的価値の否定,という七つの側面の個人差をそれぞれ個別に測定できる。このLRQの得点は,先に述べた空想傾向や没入性の尺度得点と関連することが報告されているほか(Miall & Kuiken, 1995),(c) の共感尺度は同一化を測定していると指摘されている(Cohen, 2001)。さらに移入の重要な構成要素であるイメージ化は上記のうち (b) に,読書に対する注意の集中は (d) に,それぞれ下位尺度として含まれており,心理特性としての没入現象を包括的に測定しうる尺度といえるだろう。

一方 Busselle and Bilandzic (2009) は,小説や演劇,映画などさまざまなメディアの物語に触れた時のメンタルモデル構築を解明するという立場から,これまで個別に取りあげられてきた移入や同一化,物語世界に対するリアリティ感覚などを包括的に捉えるべきだと指摘した。その上で,物語視聴(読解)時のそうした状態を測定するツールとして物語関与尺度(narrative engagement scale)を作成している。この質問紙は12項目で構成されており,(a) 一貫した物語世界の把握や理解,(b) 物語への注意の集中,(c) 登場人物への共感と感情移入,(d) 現実世界を離れて物語世界に存在する感覚,という四つの側面を測定するものである。Busselleらは,これを用いてドラマ視聴時の没入体験を測定し,それらが移入や同一化などの得点と高い関連を示すことを報告している。

2-3-2　没入体験を構成する六つの要素

　以上のように，物語への没入体験は，多様な側面を含む複雑な現象であるといえる。そのため，これまで「没入体験」にどのような体験が含まれるのかという問題には統一的な見解があまり与えられてこなかった。しかしながら，Miall and Kuiken（1995）や Busselle and Bilandzic（2009）などに見られるように，没入体験をいくつかの構成要素からなる体験として多次元的に捉えようという試みも行われている。それらの研究に準拠すれば，これまで見てきたさまざまな研究での「没入」は，いくつかの下位概念を含む体験として定式化しなおすことができると考えられる。具体的には，これまで見てきた物語への没入を構成する下位概念は，（a）物語やその読解への注意の集中，（b）その結果としての自己や外的世界に関する意識の減退または消失，（c）物語世界の鮮明なイメージ化，（d）物語世界の現実感，（e）登場人物への同一化または共感，（f）感情移入，の六つに整理することができる（図2-3）[10]。物語への没入体験は，この六つの側面からなる複合的かつ多次元的な体験であると考えることができるだろう。これにしたがって，これまで紹介してきた八つの理論が没入体験のどの側面を説明してき

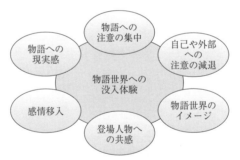

図2-3．物語への没入体験を構成する六つの要素

---

[10] 同一化と共感との間には，前者では読者が登場人物に完全になりきってしまうのに対して後者では読者が自身と登場人物と区別を保っているという相違がある（Keen, 2006; Oatley, 1995）が，本書では感情移入との相違を重視して両者を同一のカテゴリーとして扱う。

たかを示したものが表2-1である。

まず没入性（Tellegen & Atkinson, 1974）は，質問紙によって測定される心理特性であり，その中核は外的，内的対象に対する注意の集中である。これは読むと

表2-1．物語への没入体験を構成する下位概念と各理論における説明範囲

理論（提唱者）	状態／特性	注意の集中	自己・外的意識の減退	物語のイメージ	物語世界の現実感	共感・同一化	感情移入
没入性（trait absorption）（Tellegen & Atkinson, 1974）	特性	◎	○	×	×	×	×
読みへの没頭（reading involvement）（Fellows & Armstrong, 1977）	状態	◎	△	○	○	○	×
フロー体験（flow experience）（Csikszentmihalyi, 1990）	状態	◎	○	△	×	×	×
移入（transportation）（Green & Brock, 2000）	状態	◎	◎	◎	×	△	△
同一化（identification）（Cohen, 2001）	状態	△	◎	×	△	◎	×
共感と感情移入（empathy and sympathy）（Braun & Cupchik, 2001）	状態	×	×	○	△	◎	◎
文学反応（literary response）（Miall & Kuiken, 1995）	特性	◎	◎	◎	○	◎	×
物語への関与（narrative engagement）（Busselle & Bilandzic, 2009）	状態	◎	○	△	◎	◎	○

注1：◎は中心となる概念，○は説明あるいは測定可能，△は間接的に説明可能，×は説明範囲外。
注2：それぞれの理論は，説明範囲にある概念を必ずしも別個のものとして扱っているわけではない。

いう行為そのものに対する集中や没頭と捉えることができるが，物語世界へのイメージ化や登場人物への同一化などは説明範囲外となる。これに対して，読みへの没頭（Baum & Lynn, 1981; Fellows & Armstrong, 1977）は物語読解時の一時的な心理状態を指す概念であり，注意の集中などに加えて同一化や物語世界への批判的態度の減退など広範な概念を含むと考えられる。一方フロー体験（Csikszentmihalyi, 1990）は，ある活動に全ての注意が注がれる状態とされており，没入性と極めて類似した概念といえる。ただしフローは特定の活動に限定した心的状態を示すものであり，特性的側面に焦点を当てる没入性とはこの点で異なるといえる。すでに述べたように，これらの概念には物語内容に関する体験を直接的に取りあげていないものもあるが，いずれも物語の読みにおける没入現象の根底をなすものといえるだろう。

次に，移入や同一化，感情移入といった概念は，物語に触れるときに読者や観衆が体験する没入状態そのものを説明する概念である（Braun & Cupchik, 2001; Cohen, 2001; Green & Brock, 2000）。しかしながら，これらの概念はそれぞれその説明範囲が大きく異なっている。まず，移入と同一化は，ともに読む体験への集中と外界や自己に対する意識の減退がそれらの体験の基礎として挙げられているが，移入は，その中心概念は物語世界のイメージ化であり，これが物語による態度変化に重要な働きをすると指摘している（Green & Brock, 2002）。一方で同一化は，その名が指し示すとおり登場人物の視点を取得し感情を共有するという点に主眼が置かれており，イメージ化については説明範囲外である。この同一化や共感と類似した概念として，感情移入という側面を挙げている研究に Braun and Cupchik（2001）があるが，この研究では共感と感情移入との差異に注目しており，注意の集中や没頭といった側面については触れられていない。

最後に，物語への没入概念を広範に捉えている研究として文学反応と物語への関与の研究がある（Busselle & Bilandzic, 2009; Miall & Kuiken, 1995）。Miall らの作成した LRQ は，物語世界のイメージ化，登場人物への同一化，読みへの注意の集中と外界への意識の減退という3次元の特性を個別に測定しており，それらによって物語への現実感も説明可能であるが，登場人物への感情移入については説明範囲外である。一方，移入や同一化といった概念を統合的に捉えようとした

Busselle and Bilandzic (2009) の尺度は，注意の集中，物語の詳細な理解と現実感，登場人物への同一化と感情移入という状態を個別に測定している。前者は特性を，後者は状態をそれぞれ測定対象としているが，現在のところこれらは最も包括的に物語世界への没入を測定できる尺度といえるだろう。

　以上のように，物語への没入は実に多様な領域で個別に研究対象とされてきた。このため，説明対象とする概念も大きく異なっていることが明らかになった。しかしながら，これまでの研究成果を整理することで，没入現象が多様な側面を持ってはいるが，それらが相互に関連する六つの下位概念によって説明できることが示された。物語読解の過程では，読者はこれらの全てもしくはいくつかの現象を同時に体験しており，それらの総体を「物語世界への没入」として捉えることができると考えられる。

第3章

没入体験の「特性」を測る

3-1　没入体験の日本語尺度を開発する

3-1-1　没入体験を「尺度」で測る

「あなたは，物語を読んだときにどれだけ没入しやすいですか？」このように聞かれて，正確に答えられるだろうか。

第2章でみてきたように，物語への没入体験はとても複雑なものである。その上，この体験は極めて個人的，かつ極めて主観的なものであり，他者とその体験を共有することは難しい。そのため通常ならば，体験者が言語によって自発的に報告をしない限り，その人が没入したかどうかを外から観察することは難しいものなのである。

それでは，そのような主観的な体験をどのように測定するのか。心理学では，実験や調査といった手法，すなわちツールを使って，人間に生じる内的な現象を測定しようとしてきた。とりわけ調査は，個人の内面に生じる現象の個人差を解明するためによく用いられる方法である。しかし，調査をするといっても，本節の冒頭のように直接的な質問をして明確に答えられる人はそう多くないだろう。捉えどころの無い体験を客観的に測定するためには，質問に工夫を加えることが必要となる。そこで心理学では「尺度」というツールが調査の際には用いられる。尺度は，特定の主観的な体験や現象の個人差を客観的に明らかにするよう工夫された複数の質問項目の集まりのことであり，心理的な現象の個人差やその変化を詳細に捉えることのできる，有効なツールである。

3-1-2　没入体験の「特性」を測る尺度は少ない

読者が没入をどのように体験しているかを知るためには，その「状態」と「特性」の両方に目を向ける必要がある。そこでまず，本章では特性の側面，すなわ

ち，ある個人が物語にどれくらい没入しやすいかという個人差を取り上げる（状態の側面については第5章で取り上げる）。没入体験を測定しようという研究は，すでに第1章で述べたとおり海外のほうが活発であり，国外ではこれまでに，没入体験を測定するための尺度が数多く開発されている。しかしながら，その多くは「状態」を測定するものである。たとえば，Green and Brock (2000) が開発した「移入尺度」は，没入状態を測定する尺度として海外で最も頻繁に使われている。また，第2章で没入体験を包括的に捉えられるツールとして紹介した「物語関与尺度」（Busselle & Bilandzic, 2009）も，状態を測る尺度である。そのほか，登場人物への同一化を測る「同一化尺度」（Cohen, 2001），物語に対するリアリティを感じる体験の個人差を測る「物語信憑性尺度」（Yale, 2013）など，没入の諸側面を測定する尺度も複数あるが，そのいずれもが状態を測定対象としている。

その中で，没入体験の特性を測定するために開発された数少ない尺度が，Miall and Kuiken (1995) の「文学反応質問紙（Literary Response Questionnaire: 以下，LRQと表記する）」である。しかし，LRQを含めて，没入に関する尺度はいずれも日本語版への翻訳はなされておらず，わが国で使用できるものがないのが現状である。物語への没入体験が実際にどのように体験されているのか，体験しやすい人とそうでない人の個人差は，他のどのような心理特性と関連しているのか，その違いはどの程度なのか。そういった，没入体験の実像に迫るためには，わが国で用いることのできる尺度を開発する必要がある。没入体験に関して言えば，わが国で独自に開発された尺度というものも存在しない。そのため，本章では，特性を測る尺度としてLRQの日本語版を開発することを試みる。

3-1-3　尺度の信頼性と妥当性を担保する

開発といったが，言うまでもなくその尺度が正確に心理現象を捉えられるものでなければならない。心理学において尺度を開発する際には，「信頼性」(reliability) と「妥当性」(validity) という二つの指標を検証することで，尺度の正確さを担保している。信頼性とは，いわば尺度の測定誤差が少ないかどうかという指標であり，妥当性とは，測定したい心理現象を測定できているかという指標で

ある。たとえば，長さを測定したいとき，定規の目盛りが等間隔でなくばらばらであったなら，正確に長さを測ることはできず，測定のたびに誤差が生じてしまう。そのような定規は測定器具として信頼できないものとなる。これが信頼性である。また，長さを測るために用いる道具として，仮に天秤を選んだとしたら，それは長さの測定に妥当な器具ではない。これが妥当性である。

　心理学で用いる尺度は，長さのように目で見ることができない概念を対象とする。そのため，信頼性と妥当性の検証には，統計的な分析を用いる。信頼性の指標にはα係数という統計量が用いられることが多い。一方，妥当性にはさまざまな種類があり，その種類に応じてさまざまな分析法が用いられる。たとえば，一つの尺度で複数の要素を測定したい場合，それぞれの下位尺度の項目が，それぞれの要素を測定する項目の集まり（因子）としてまとまるかを検証しなければならない。これを検証するための指標として，「因子分析」（factor analysis）が用いられる。図3-1は，因子分析の概念を示したモデル図である。各項目は，想定された因子からの影響を受けているという仮説をたて，どの因子からの影響が強いのかを判断するのが因子分析である。この影響力の強さは「因子負荷量」という値によって表される。つまり，各項目がどの因子に含まれるかは，この因子負荷量で判断することになる。負荷量が高いほど，その項目はその因子に属していると判断できる。また，尺度がいくつの因子に分かれるかは「固有値」という統

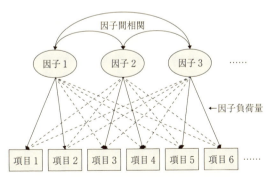

・因子がいくつあるかは，各因子の「固有値」で判断する。
・因子モデルで尺度を説明できる比率を「寄与率」と呼ぶ。

図3-1．因子分析のモデル

計量で,「因子」のモデルでその尺度の得点をどれくらい説明できるかは「寄与率」で,それぞれ判断する。

本章で紹介する研究,そして第5章で紹介する研究でも,こうした分析を行うことで,尺度の信頼性と妥当性を検証している。

3-1-4 没入の「特性」を測れるLRQ

それでは,LRQがどのような尺度であるのかをみてみよう。LRQは,Miall and Kuiken (1995) によって作成された,文学作品を読むときに読者に生じる反応や傾向などの個人差を測定する質問紙である。LRQは68項目で構成されており,文学的体験の諸側面を七つの次元から測定する。具体的には,(a) 自己や外界への認識を深める「洞察」が14項目,(b) 登場人物への感情移入を示す「共感」が7項目,(c) 物語世界の鮮明なイメージ化を示す「イメージ鮮明性」が9項目,(d) 作者の意図や文体に興味を示す「作者への関心」が11項目,(e) 余暇の楽しみとして読書に没頭する「余暇逃避」が10項目,(f) ストーリー性を重視する傾向を示す「ストーリーに動機づけされた読み」が8項目,(g) 文学的批評などへの懐疑的態度を示す「文学的価値の否定」が9項目である。

ここで注意したいのは,LRQのすべての項目が「物語への没入」特性を測定しているわけではないという点である。LRQの七つの尺度のうち,物語世界への没入体験を測定しているのは「共感」「イメージ鮮明性」「余暇逃避」の三つの下位尺度だけであり,それ以外の四つの尺度は,没入体験を除いた物語読解時の体験を測定するものなのである。つまりLRQは,没入を含めた文学的な体験を幅広く測定できるように設計されている。Miall and Kuiken (1995) によれば,信頼性についてはCronbachのα係数および再検査信頼性係数という二つの方法を用いた検討が行われている。その結果,すべての因子において,どちらの値でも0.75以上という結果が得られている。また,最終版尺度を作成する過程で,いくつかの質問紙との関連を調査することで,構成概念妥当性も検討しており,没入性尺度 (TAS: Tellegen & Atkinson, 1974) との間で,洞察,共感,イメージ鮮明性の各因子とは中程度の相関が (0.38〜0.54),作者への関心因子と余暇逃避因子とは弱い相関 (0.23〜0.37) があることが示された。さらにこの他にも,洞察

因子は自我の退行などと，共感因子は心理的ストレスと，イメージ鮮明性因子は社会的望ましさと，余暇逃避因子は体験への開放性と，作者への関心因子は小説や詩を読む頻度と，それぞれ弱い相関があることが指摘されている（Miall & Kuiken, 1995）。

このLRQは，没入を含めた物語読解時の体験の個人差特性を測定できる数少ない尺度であり，物語世界への没入体験を検討するための基礎的なツールとなりうる。そこで以下では，このLRQの日本語版を作成し信頼性と妥当性の検討を行った二つの研究を紹介する。第1の研究では，LRQをそのまま翻訳して予備調査を行い，第2の研究では，予備調査の結果から日本語版尺度を構成する項目を選択して本調査を行った。

3-2　文学反応質問紙の予備調査（研究1）

3-2-1　研究1の調査の目的

研究1として行ったのは，LRQの日本語版尺度を作成することを目的とした調査である。その際，LRQをそのまま翻訳して予備調査を行い，尺度の因子構造がどのようになっているか，信頼性はどの程度あるのかという点について検討した。もし日本語版のLRQが英語版のLRQと同様に七つの因子からなる尺度構造を持ち，信頼性係数も高ければ，信頼性と妥当性を備えている尺度としてわが国でも用いることができるだろう。

3-2-2　LRQを翻訳する

今回の予備調査は以下の手順で行った。まず，Miall and Kuiken (1995) の作成したLRQの最新版（以下，この尺度を「原版」と呼ぶ）68項目を，原著者David S. Miallの許諾を得た上で日本語に翻訳した。その後，原版と翻訳版とが同じ項目内容であるかを確認するために，英米文学を専門とする日本人研究者に，原版とそれに基づいて翻訳した尺度項目の比較と校閲を依頼し，その指摘を元に，各項目の翻訳の修正を行った。こうして作成された68項目の尺度を，LRQの日本版原尺度（以下，「原尺度」とする）とした。次に，この原尺度を用い

て調査を実施した。調査に参加したのは大学生229名（男性68名，女性161名，平均年齢20.9歳）であった。LRQ原尺度の回答方式は，Miall and Kuiken（1995）に従って5段階評定を採用した。すなわち，参加者は68個ある項目を読み，それぞれについて「5：そう思わない」「4：あまりそう思わない」「3：どちらともいえない」「2：ややそう思う」「1：そう思う」という五つの選択肢の中から，最も自身の体験に当てはまる選択肢の回答を求めた。

3-2-3　LRQ原尺度の妥当性

　分析に先立ち，回答に欠損，つまり回答ミスや未回答などがあったデータを除き，残った211名のデータを分析対象とした。このデータを用いて，最尤法による因子分析を行い，LRQ原尺度がどのような因子構造を持っているのか検討した。分析の第1ステップは，因子数を決めることである。スクリープロットと呼ばれる，各因子の固有値を数値の高い順に並べたデータを検討したところ，5因子を示す解が妥当であると判断した。次のステップは，各項目の因子負荷量を，五つの因子それぞれについて計算する分析である。その際，各因子の関連性を評価するために「因子の回転」と呼ばれる手続きをとる。この回転法には複数の手法があるが，今回は，Miall and Kuiken（1995）が原版の分析において斜交回転を行っているのにならい，斜交回転の一種であるプロマックス回転を採用して分析を行った。

　結果は予想に反するものとなった。すなわち，原版の第2因子「イメージ鮮明性」に当たる項目と第3因子「共感」に当たる項目が一つの因子として収束したが，これ以外の項目については，原版と一致した尺度構造を得ることはできなかったのである。各項目の因子負荷量を示したものが表3-1である。因子負荷量は多くの場合，0.3または0.4以上の値をとれば，その因子に属すると判断してよいとされる。各項目の因子負荷量のうち太字の数値がその基準を満たすものであるが，第1因子以外の因子に属した項目をみると，イメージの鮮明性や共感，洞察など，原版では異なる因子に属していた項目が混ざった状態となっていることが分かる。特に，原版の「文学的価値の否定」因子に相当する項目群は，全く一つの因子として収束してはいない。この結果は，少なくとも原尺度の因子構造

表3-1. LRQ原尺度の因子分析結果

項　目	因子				
	1	2	3	4	5
物語を読んでいると，それが本当に目の前にあるもののように感じられることが時々ある	.87	-.03	-.03	-.03	.01
小説の中の会話が，まるで実際の会話を聞いているように聞こえることがしばしばある	.81	.00	-.04	-.14	-.06
私は，自分が読んだことのある物語の人物にほとんど完全に「なりきってしまった」ように感じることが時々ある	.73	-.20	.08	-.07	.02
物語や詩の情景が私にとってとても明瞭で，その情景のにおいや手触りなどの「感覚」を感じることができる	.72	-.01	.04	-.01	-.21
私には，物語や小説の中に出てくる会話の調子が聞こえる*	.70	.09	.07	-.08	-.06
私は，読んだ小説の中に出てくる場所が，写真を見ているかのようにはっきりと見えることがしばしばある	.70	.11	-.03	-.10	.08
物語を読んでいると，部分的にしか描かれていない情景が私の心の中では完全で生き生きとした場面になる	.69	.07	.13	-.03	-.11
物語の中の人物と架空の会話をしているように思うことが時々ある*	.67	-.12	-.10	.01	.07
小説の中の人物が日常の中にいる実際の人であるように感じられることが時々ある	.66	-.06	.03	.04	.05
物語を読んでいると，自分が物語の人物の一人であると思うことがある	.61	.00	-.07	-.07	.06
物語や短編小説に描かれている人や場所を容易に目に浮かべることができる*	.61	.08	.17	-.15	-.07
私は，自分が劇の演技の用意をしているかのように，進んで物語中の人物の役に自分を投影しようとする	.58	.08	.02	-.12	.09
物語を読んでいると，香りの描写から色を，色の描写から手触りを連想することがしばしばある*	.54	.04	.06	.11	-.23
小説や物語を楽しんで読んだあとも，その中の人物をまるで実在する人のように考え続けることがある*	.51	.05	.14	.02	.09
私は，物語に出てくる場所についての地図を描けそうだと思うことがときどきある*	.46	.02	-.10	-.04	.05
私は，自分が本当に何かを体験したのか，それともその何かについて本で読んだだけなのかが，分からなくなることが時々ある*	.45	-.13	-.03	.19	-.03
読んでいる本にのめりこむあまり，完全に我を忘れてしまうことがしばしばある	.41	.29	-.19	.10	.11
私は，文学作品の登場人物を通して自分のやる気が体現されていると思うことがしばしばある*	.36	-.09	.20	.18	.04
私は，文学作品は分析しようとすることで壊されてしまう	.22	-.22	.07	.05	.06

表3-1. LRQ原尺度の因子分析結果（続き）

ように思う*					
私にとって，何もすることのないときに小説を読むことは楽しく時間をすごすことのできるものだ	-.05	.81	.11	-.08	.05
私は，普段の仕事を忘れてしまうくらいに小説に没頭するのが好きだ	.15	.66	-.15	.22	.11
時間が空いているときに最もしたいことは小説を読むことだ	.10	.61	-.23	.26	-.01
物語を読むことはリラックスするのに最適だと思う	-.05	.61	.20	-.07	.10
何かを読むことに時間を費やすなら，私は「文学作品」は読まない*	-.11	.58	.17	.02	-.07
読書をしていると時間が経つのを本当に忘れてしまう	.19	.56	-.11	.12	.15
最後まで読み終えるまで本を閉じられないことがよくある	.17	.51	-.28	.20	.03
私は，文学が社会的価値を持つとは思えない*	-.12	.47	.37	-.09	-.14
小説を読むことは，今抱えている問題から離れて気分転換するのにとても役立つと思う*	.04	.45	.12	-.06	.21
仮に高校での文学が良い教え方だとしても，そんなに長い時間を文学教育に充てるべきではない*	.06	-.45	-.14	.09	.08
古典文学を読むことは，文学者や歴史学者に任せるべきである*	-.07	.44	.23	-.06	-.25
国語科目で読まされる文章の大部分は自分なら選ばなかったと思うものだったので，私は高校の国語の授業が嫌いだった*	-.10	.40	.11	.07	-.15
文学について論じたり書いたりすることに割く時間は今よりもっと少なくするべきだと思う*	-.08	.36	.36	-.16	-.14
自分にもっと本を読む時間があればと思うことがしばしばある*	.16	.36	.22	.03	.05
小説を読んでいるときには，登場人物たちに何が起こるかを知ることに興味がある	-.02	.35	.06	-.26	.32
ある作家が書いた本を好きになると，その作家が書いたほかの全ての本もたいてい読もうとする*	.02	.33	.19	.11	.16
文学に接していると，自分の日常生活の中で見落としていた感情に時々気づくことがある	.13	.12	.59	-.06	-.02
文学作品を読むと，私の生活の中でいつもは気づかないある部分に目を向けようとする	.08	.06	.57	.15	-.03
文学作品を読むと，自分の周囲にいる人々や出来事の本質に対する洞察力が得られると思う	-.08	.10	.57	.07	.01
文学は，自分のとは異なる人生を理解するのに役立つと思う	-.01	.07	.56	-.09	.06
ある種の文学作品は，自分が抱く比較的ネガティブな感情を理解するのに役立つと思う	.00	.02	.54	.18	.06

表3-1. LRQ原尺度の因子分析結果（続き）

項目					
文学は，私が普段の生活では無視してしまうような人々を理解するのに役立つと思う	-.12	.01	.42	.19	.12
私が文学作品を理解しはじめるのは，自分の日常の関心事にその作品の内容を関連付けることができたときだ*	.08	-.19	.39	.27	.04
私は，登場人物を通して自分の欠点が体現されていることに気づくことがしばしばある*	.19	-.10	.35	.25	.04
文学作品を読むと，自分の生き方を変えたいと思うことに気づくことが時々ある	.12	.06	.33	-.01	.04
文学作品の中で，ある特定の人々や出来事の例について読んだあとには，私はそのようなことをもっとはっきりと分かるようになる*	.08	.24	.26	-.01	.02
面白い本を読むのは，一人静かにただ楽しみたい*	-.06	.17	.20	-.10	.10
文学について教わっていて最もいやだと感じることは，そこで取り上げられている作品が何を意味しているかを教師が教えてしまうことである*	.03	.01	.15	.07	-.05
読書をしているときには，その作家の特徴的なスタイルに注意を向けるのが好きだ	-.08	.16	.07	.67	-.10
文学を読んでいるときの主な興味は，作者の持つテーマや関心について知ることである	-.19	.02	.05	.65	-.09
私は，ある作家の作品が同時代のほかの作品とどう関係しているかを考えるのが好きだ	-.01	-.02	-.03	.64	.00
小説を読んでいるときの私の主な興味は，作者が社会や文化をどうとらえているかを知ることである	-.16	.06	.04	.60	-.06
何かを読んでいるときの私の主な興味は，さまざまなジャンルの文学を知ることである*	.01	.21	-.16	.47	.08
文学作品を読んでいると，明らかに不安定な人生観を持つようになると時々感じる*	.08	-.12	.00	.45	.06
私が本を読んでいるときにはたいてい，その作者に特徴的なテーマを確認しようとする	.04	.06	.15	.42	-.12
私は好きな文学作品を見つけると，たいていはその作家に関することを知ろうとする*	-.04	.15	.15	.42	.14
文学作品は人生の諸問題を実際よりも複雑にしてしまうように思う*	-.05	-.21	.03	.41	.23
文学が作者の生活に関する事実を照らしだすときにはとりわけ面白いと思う	.05	-.24	.22	.39	.20
私は作家の書く文体の技巧に興味をそそられる	-.03	.28	.16	.38	-.09
文学に挑戦することは，その作家の独特な生活の一面を理解することだと思う*	-.05	.08	.25	.36	-.17
文学作品の中での出来事と現実生活での出来事がとても似ているものだと思うことがしばしばある*	.15	.06	.24	.25	.06

表3-1. LRQ 原尺度の因子分析結果（続き）

私が一番好きな小説のタイプは、ストーリーが面白いと思えるものだ	-.18	.13	.14	-.18	.66
小説を読んでいるとき、私がもっとも知りたいと思うことはストーリーがどう展開していくかという点である	-.01	.13	.02	-.24	.61
私にとって、事件がほとんど何も起こらないように思える小説を読むのは難しいと思う*	-.03	-.38	.12	.01	.49
どちらかというと、動きのたくさんある小説のほうが好きだ	.03	-.01	.01	-.01	.49
小説やドラマで最も重要な要素は筋書きだと思う	-.10	.00	-.10	.19	.45
私は、予測できなかった結末が訪れる小説が一番好きだ	.06	.00	-.07	.19	.42
物語のあらすじの中で緊張感が高まってゆくのを見るのが好きだ	.22	.20	.15	-.02	.39
文学は道徳的なことがらをしばしばより強調している*	.13	-.28	.11	.07	.29
因子間相関 1	—				
2	.44	—			
3	.36	.33	—		
4	.40	.18	.24	—	
5	.15	.13	.00	-.03	—

*は作成過程で削除した項目

は，Miall and Kuiken（1995）が報告した因子構造を再現できなかったということを意味する。言い換えれば，原尺度を何らかの形で修正しない限り，妥当性を備えた日本語版尺度として用いることはできないということである。

3-2-4　原尺度から項目を選抜する

項目基準の策定　そこで，原版の各因子からそれぞれ代表的と思われる項目を選定し，それらを原尺度の中から抜き出すという，原尺度の修正作業を行った。その際，項目の選定基準として次のような原則を設定した。すなわち，(a) 尺度構成は Miall and Kuiken（1995）の原版の結果を再現する，(b) なるべく各尺度の項目数が均一になるようにする，(c) 訳語があいまいな項目はできる限り採用しない，という三つの原則である。この基準に従って項目の選定を行った。また，これより作成する日本語版の仮説的な因子構造として以下のような5因子を想定した。すなわち (a) 原版の共感因子とイメージ鮮明性因子に属する項目が，原

尺度では最も安定した因子としてまとまったことを考慮した「共感・イメージ」，(b) 原版の洞察因子に相当する「現実の理解」，(c) 原版の余暇逃避因子に相当する「読書への没頭」，(d) 原版の作者への関心因子に相当する「作者への関心」，(e) 原版のストーリーに動機づけされた読み因子に相当する「ストーリー志向」，の五つである。なお，原版の文学的価値の否定因子（項目例：「私は，文学が社会的価値を持つとは思えない」）については，原尺度において因子の再現性が最も低く，また，欧米と日本とで文学についての概念や価値観に文化的な相違のあることが推測されたことから，選定からは除外することとした。

項目の選抜と確認のための分析　以上のような仮説に基づき，まず原版の文学的価値の否定因子9項目を除いた59項目について再度因子分析を行った。その結果得られた各項目の因子負荷や記述内容などを踏まえた上で，さらに項目を選定した。各因子の項目数は，原版における因子の最少項目数が7であったことに従い，7項目とした。ただし，「共感・イメージ」因子は原版での2因子をあわせた合成因子としたことから，2尺度の内容を均等に採用するため，原版「イメージ」因子から5項目，「共感」因子から4項目を採用することとし，2項目増やした9項目とした。このような選定プロセスを経て，最終的には，「共感・イメージ」が9項目，それ以外の四つの因子がそれぞれ7項目ずつの，計37項目が選抜された。こうして選抜された項目群を新たなLRQの日本語尺度とし，日本版LRQ（以下，LRQ-Jとする）とした。LRQ-Jの各項目については表3-2（63〜65ページ）を参照されたい。このLRQ-Jの37項目を改めて因子分析したところ，全ての因子で，所属すると予想された項目の負荷量は0.4以上となった。

項目分析と信頼性分析　新しく作成したLRQ-Jについて，各項目の得点が，所属する下位尺度の得点に反映されることを確認するため，各下位尺度とそれぞれに所属する項目とのI-T相関を算出した。I-T相関とは，項目の得点（item）と下位尺度の合計得点（total）との間の相関係数を算出する分析である。この結果，全ての尺度において所属する項目との有意な（つまり，統計学的に見て偶然の結果とは判断できないほどの）高い相関を示した（全ての項目で$p < .001$）。また各

下位尺度のα係数はいずれも0.7以上となり、内的整合性も確認された。

3-2-5 予備調査の結果の考察

今回の予備調査では、Miall and Kuiken（1995）の全ての項目を翻訳し、因子構造の分析と項目分析を行った。因子分析の結果、先行研究の報告する因子構造が再現されなかったため、3-2-4で挙げた三つの基準に従って項目の選定を行った。それぞれの基準は次のような理由で採用されたものである。まず (a) の「尺度構成は原版の結果を再現する」については、Miall and Kuiken（1995）の原版の作成過程を踏まえて採用されたものである。彼らの一連の作成過程では、項目数の異なるさまざまなバージョンのLRQを最初に作成し、それらを因子分析することで原版の尺度を構成するという手順がとられたが、その結果でも、最終的な原版の因子構造とほぼ同じような因子構造が一貫して得られていた。このことから、LRQの構造は普遍性が確認されていると判断したものである。結果として、イメージ鮮明性因子と共感因子は1つの因子である「共感・イメージ」因子という合成因子となったが、それ以外の因子については、できる限り原版と同じ構造の再現を目指した。なお、イメージの鮮明性と共感は、第2章で述べた没入を構成する六つの要素のモデルではそれぞれ別な要素と仮定していた。しかしそれらの体験を測定する項目群が、なぜ日本人サンプルにおいて一つの因子としてまとまったのかについては、明確な説明を与えることは困難である。これについては、研究2で、さらに詳細な調査を行う。

次に、(b) の「各尺度の項目数が均一になるようにする」という基準であるが、他の尺度との比較を行う場合や得点化する場合、各尺度の項目数が均一でないことはその利用上不便なものになると思われたための措置であった。今回の項目選定では、共感・イメージ因子は原版での2尺度の合成因子であったために、2尺度の内容を均等に採用するという点を重視して2項目を増やした9項目としたが、これ以外の尺度は全て7項目にそろえることができた。最後に (c) の「訳語があいまいな項目はできる限り採用しない」であるが、68項目のLRQでは、たとえば「文学作品の中で、ある特定の人々や出来事の例について読んだあとには、私はそのようなことをもっとはっきりと分かるようになる（原版の「洞

察」因子の項目)」といったような，表現が冗長で理解しづらい項目があり，このような項目は評定の妨害要因となる恐れがあった。これをできる限り排除しようとしたものである。

こうして選定された37項目版，すなわちLRQ-Jの因子分析では，Miall and Kuiken (1995) の結果によく適合した因子構造を再現することができた。また，項目分析と信頼性分析は，ともにLRQ-Jの尺度構造の安定性と，各回尺度の信頼性が高いものであることを予想させる結果となった。今回の一連の結果は，LRQ-Jによる文学的体験の多次元的な測定が十分に可能であることを示すものである。

3-3　日本版文学反応質問紙の本調査（研究2）

3-3-1　LRQ-Jはどのような尺度と関連するか

予備調査の結果，日本語版のLRQは，原版の68項目から約半数の37項目に減らした尺度となった。そして，因子分析と信頼性係数の結果も満足すべきものとなった。しかし，この調査結果だけでLRQ-Jの信頼性と妥当性が充分に担保されたとはいえない。特に妥当性については，さらに検討を加える必要がある。その具体的な方法としては，他の尺度得点との相関を見るというものである。没入体験の特性が，他の心理特性，たとえば催眠感受性やイメージ活動傾向などと関連するかどうかを検討する必要がある。これらは，第2章で述べたように，「没入」の概念をこの尺度が正しく測定しているかを示すために必要な分析となる。実際，Miall and Kuiken (1995) は，原版のLRQと没入性を測定するTASと呼ばれる尺度 (Tellegen & Atkinson, 1974) との間に正の相関がみられると報告している。もしそうであるならば，LRQ-Jも没入性に関連した特性を測る尺度との間に同じような相関がみられるはずである。そこで，研究2では，研究1の予備調査で作成されたLRQ-Jの信頼性と妥当性を改めて検討するため，より多くの参加者を対象とした本調査を行う。妥当性を検証する手段として，第1節で触れたようなMiall and Kuiken (1995) で測定されている心理尺度を参考に，わが国で実施可能な尺度を選定し，その結果をMiallらの報告と比較することで，LRQ

-J の妥当性の当否を明らかにしたい。

3-3-2　調査の概要

調査の方法　本調査に参加したのは，関東地方の私立 A 大学の学生248名（男性78名，女性170名），および B 女子大学の学生249名の計497名であった。この調査における参加者は，研究 1 の予備調査には参加していない学生である。調査は，それぞれの大学の講義の際に調査用紙を配布して，その場で回答するという方式で行われた。

本調査では，研究 1 の予備調査で開発した LRQ-J の他に，以下の四つの尺度が使われた。

没入性を測る二つの尺度　まず，物語への没入と関連が深いと考えられる特性として，没入性を測定した。用いた尺度は以下の二つである。第 1 の尺度は Creative Experience Questionnaire（CEQ：Merckelbach et al., 2001：日本語版は，岡田・松岡・轟, 2004）と呼ばれる尺度である。これは空想傾向（第 2 章参照）を測定する尺度であり，映画やドラマへの没入，子ども時代の遊びにおける空想の強さ，体外離脱体験などについて尋ねる25項目に，5 段階の選択肢の中から回答するものである。次に用いたのは，Imaginative Involvement Inventory（III）と呼ばれる尺度である。これは，同じく第 2 章で触れた Davis et al.（1978）の作成した III を元に，日本語版として笠井・井上（1993）が作成した質問紙である。この III は，ファンタジーや感覚体験，宗教体験などさまざまな想像活動に対し，どれだけ関与，あるいは没頭するかを測定する18項目から構成されており，7 段階評定である。CEQ と III はどちらも，イメージへの没入傾向を測定するものと考えられており（大宮司他, 2000），いわゆる没入性を測定していると考えられる。原版の LRQ は，没入性尺度（TAS）と強い関連性があると示唆されていることから（Miall & Kuiken, 1995），LRQ-J とも関連がみられることが予想できる。

イメージの強さを測る尺度　次に，個人のイメージの強さを測定する尺度を使用した。今回用いたのは，Questionnaire upon Mental Imagery（QMI: Betts, 1909）

の短縮版（Sheehan, 1967。日本語版は，Richardson, 1969 鬼沢・滝浦訳 1973）である。これは，視覚，聴覚，嗅覚，味覚，触覚，姿勢と運動の感覚，内臓の感覚という七つの感覚モダリティのそれぞれについて，イメージの強さを測定する尺度である。尺度は，一つの感覚につき5項目の計35項目で構成されており，回答方法は「完全に明瞭」から「まったくイメージが表れない」までの7段階で評定する。LRQ の原版ではイメージに関する調査は行われていないが，LRQ の原版にも，また LRQ-J にもイメージの鮮明さを問う尺度がある。また，第2章で紹介した Nell（1988）も，読みの体験に関与する特性の一つとしてイメージの鮮明性を挙げており，物語への没入にとって作品世界をイメージすることは重要な要素でもある。そのため，イメージの鮮明性は LRQ-J との関連があると考えられた。

自我の回復力を測る尺度　今回は上記以外に，自我の回復力を測定する尺度も使用した。自我の回復力とは，ストレスや逆境にさらされたときに，心理状態を立て直すはたらきのことである。用いた尺度は California Adult Q-set 版 Ego-Resiliency 尺度（CAQ 版 ER 尺度：中野・加藤，2005）である。この尺度は，ストレス状況下における自我の統御を測定する質問紙である。対人場面における自我の回復力を示す対他的 ER 因子9項目と，自分自身に対する自我の回復力を示す対自的 ER 因子7項目の2因子16項目で構成されており，7件法による評定を求めた。Miall and Kuiken（1995）は，共感因子とストレス尺度との関連を指摘しており，さらに洞察因子と自我の健全なはたらきとの間に関連があると報告している。このことから，自我の回復力は LRQ-J とも関連を持つことが予想された。

以上の質問紙のうち，LRQ-J と ER 尺度については両大学の参加者群に実施したが，それ以外の尺度については，B 大学の参加者群のみに実施した。それぞれの尺度は同時にではなく，それぞれ別の日に配布し回答してもらった。

3-3-3　LRQ-J の因子構造

それでは，本調査の結果がどのようなものであったか見ていこう。ここで紹介するのは，因子分析の結果，信頼性の分析の結果，そして他の尺度との関連性，の三つの結果である。

まず，LRQ-J について，得られた497名のデータを用いて因子分析を行った。用いた手法は研究1の予備調査と同じく最尤法・プロマックス回転による因子分析である。研究1で作成した結果から，LRQ-J の因子数を5因子として指定したところ，予想どおりに五つの尺度構造の完全な再現が確認された。各項目と因子分析の結果を表3-2に示す。これを見ると，全ての項目が，予測されたとおりの因子に0.3以上の負荷量を示していることが分かる。以下，それぞれの因子がどのようなものであるかを紹介しよう。

1 「共感・イメージ」 第1因子には，物語情景の鮮明なイメージ化や登場人物との同一化あるいは共感を示す9項目が集まり，「共感・没入」とした。これは，原版の「共感」と「イメージ鮮明性」に相当する。
2 「読書への没頭」 第2因子は，現実から離れて読書にのめりこむ体験や読書への傾倒を示す7項目となり，「読書への没頭」とした。原版の「余暇の逃避」因子に相当する。
3 「作者への関心」 第3因子は，作者の持つ関心，意図，その文体などに興味を持つ傾向を示す7項目となり「作者への関心」とした。原版の「作者への関心」因子に相当する。
4 「現実の理解」 第4因子は物語での出来事や主人公などから自己や現実世界への洞察を深めるという傾向を示す7項目が集まり，「現実の理解」とした。原版の「洞察」因子に相当する。
5 「ストーリー志向」 第5因子はストーリーの面白さ，展開にみられる動きなどが読解の動機づけとなる傾向を示す7項目となり，「ストーリー志向」とした。原版の「ストーリー駆動型の読書」に相当する[11]。

なお，これらの因子間にはかなりの相関がみられ，LRQ-J の測定するさまざまな体験が，互いに関連しあうものであることが示唆された。

---

[11] この仮説的因子構造を検討するため確証的因子分析を行ったところ，適合度指標は許容できる値となった（GFI = .839, CFI = .865, RMSEA = .058）。

表3-2. LRQ-Jの因子分析結果

	項　目	F1	F2	F3	F4	F5	共通性
35	物語を読んでいると，それが本当に目の前にあるもののように感じられることが時々ある	.83	.08	-.10	-.04	.03	.68
23	私は，自分が読んだことのある物語の人物にほとんど完全に"なりきってしまった"ように感じることが時々ある	.77	.00	.04	-.13	.01	.52
4	物語を読んでいると，自分が物語の人物の一人であると思うことがある	.69	-.05	-.10	-.07	.02	.38
8	小説の中の会話が，まるで実際の会話を聞いているように聞こえることがしばしばある	.68	.12	-.02	-.01	-.07	.50
19	私は，読んだ小説の中に出てくる場所が，写真を見ているかのようにはっきりと見えることがしばしばある	.66	-.07	-.02	.12	.09	.53
30	私は，自分が劇の演技の用意をしているかのように，進んで物語中の人物の役に自分を投影しようとする	.63	-.04	.09	-.04	.01	.40
11	小説の中の人物が日常の中にいる実際の人であるように感じられることが時々ある	.63	-.09	.03	.09	-.04	.41
26	物語や詩の情景が私にとってとても明瞭で，その情景のにおいや手触りなどの"感覚"を感じることができる	.56	.05	.14	.07	-.12	.45
16	物語を読んでいると，部分的にしか描かれていない情景が私の心の中では完全で生き生きとした場面になる	.46	.00	.03	.23	.11	.46
33	私は，普段の仕事を忘れてしまうくらいに小説に没頭するのが好きだ	.02	.87	.05	-.13	.01	.70
6	時間が空いているときに最もしたいことは小説を読むことだ	-.12	.85	.10	.00	-.08	.69
14	私にとって，何もすることのないときに小説を読むことは楽しく時間をすごすことのできるものだ	-.14	.80	-.04	.13	.04	.67
1	読書をしていると時間が経つのを本当に忘れてしまう	.06	.65	-.10	.03	.05	.46
37	最後まで読み終えるまで本を閉じられないことがよくある	.12	.58	-.03	.06	-.06	.42
25	読んでいる本にのめりこむあまり，完全に我を忘れてしまうことがしばしばある	.25	.51	.00	-.11	.02	.37
29	物語を読むことはリラックスするのに最適	-.06	.48	-.09	.10	.23	.35

表3-2. LRQ-Jの因子分析結果（続き）

	だと思う						
21	小説を読んでいるときの私の主な興味は，その作者が社会や文化をどうとらえているかを知ることである	-.10	-.02	.80	-.01	.04	.59
9	文学を読んでいるときの主な興味は，作者の持つテーマや関心について知ることである	.03	-.05	.78	.02	-.04	.60
17	私が本を読んでいるときにはたいてい，その作者に特徴的なテーマを確認しようとする	.01	-.02	.76	-.03	.06	.56
36	読書をしているときには，その作家の特徴的なスタイルに注意を向けるのが好きだ	-.02	.12	.74	-.06	.03	.59
12	私は，ある作家の作品が同時代のほかの作品とどう関係しているかを考えるのが好きだ	.03	.03	.61	-.02	-.06	.39
31	文学が作者の生活に関する事実を照らしだすときにはとりわけ面白いと思う	.01	-.14	.49	.10	.17	.30
5	私は作家の書く文体の技巧に興味をそそられる	.12	.22	.33	.14	-.16	.38
20	文学は，自分のとは異なる人生を理解するのに役立つと思う	-.06	-.09	-.03	.81	.01	.52
27	文学に接していると，自分の日常生活の中で見落としていた感情に時々気づくことがある	.02	.03	-.04	.78	-.09	.57
13	文学は，私が普段の生活では無視してしまうような人々を理解するのに役立つと思う	-.02	.00	-.01	.74	-.03	.50
22	文学作品を読むと，自分の生き方を変えたいと思うことに気づくことが時々ある	.06	-.03	-.08	.60	.07	.38
34	ある種の文学作品は，自分が抱く比較的ネガティブな感情を理解するのに役立つと思う	-.08	.13	.11	.55	-.05	.42
7	文学作品を読むと，私の生活の中でいつもは気づかないある部分に目を向けようとする	.02	.09	.10	.54	-.06	.42
2	文学作品を読むと，自分の周囲にいる人々や出来事の本質に対する洞察力が得られると思う	.05	.09	.12	.40	.01	.32
32	小説を読んでいるとき，私が最も知りたいと思うことはストーリーがどう展開していくかという点である	-.07	.10	.02	-.15	.69	.45

表 3-2．LRQ-J の因子分析結果（続き）

28	小説を読んでいるときには，登場人物たちに何が起こるかを知ることに興味がある	.04	.06	-.10	.17	.60	.48
3	私が一番好きな小説のタイプは，ストーリーが面白いと思えるものだ	-.02	.12	-.14	-.03	.59	.37
15	どちらかというと，動きのたくさんある小説のほうが好きだ	.04	-.13	.05	-.04	.57	.30
24	小説やドラマで最も重要な要素は筋書きだと思う	.04	.07	.23	-.13	.44	.26
10	私は，予測できなかった結末が訪れる小説が一番好きだ	.00	-.13	.22	.07	.38	.21
18	物語のあらすじの中で緊張感が高まってゆくのを見るのが好きだ	.05	.00	.07	.24	.38	.30
	固有値	9.60	2.34	1.98	1.73	1.27	
	寄与率	25.97	6.33	5.35	4.66	3.44	

因子間相関						
F1	物語世界への没入	—				
F2	読書への没頭	.46	—			
F3	作者への関心	.38	.44	—		
F4	現実の理解	.55	.57	.53	—	
F5	ストーリー志向	.29	.29	.13	.33	

3-3-4 LRQ-J の信頼性

次に，LRQ-J の得点傾向と，信頼性の分析がどのようなものであったかを述べる。

得点の算出と性差 まず，LRQ-J の 5 因子をそれぞれ下位尺度として，各下位尺度得点と全体の総得点とを算出した。このとき，選択肢に振られた数字を逆転させる処理を行い，得点が高いほどそれぞれの特性が強いことを示すように計算を行った。次に，男女間でこれらの得点が異なるかを検討するために性差を検討した。その結果，作者への関心得点のみに差がみられ，男性のほうが女性よりもわずかに得点が高いことが分かったが（男性 = 20.07，女性 = 19.30，$t(494) = 2.53$, $p < .05$, $g = .14$），それ以外の下位尺度では統計的に有意な性差はみられなかった。

項目の分析と信頼性 次に，各下位尺度得点の平均値を基準として対象者を高得点群と低得点群とに分け，それぞれに所属する項目の評定を従属変数とした GP 分析を行った。GP 分析とは，ある尺度の得点が平均より高い参加者と低い参加者とで，各項目の得点に差がみられるかを検証する分析である。前節で行った I-T 相関分析と同じく，各項目が正しく尺度の個人差を測定できているか，つまり弁別力があるかを判断できる。その結果，全ての下位尺度において，所属する項目が十分な弁別力を持つことが示された（全ての項目で $p < .001$）。さらに，各下位尺度の信頼性を検証するため，Cronbach の α 係数を算出したところ，その値は第1因子から順に 0.88，0.87，0.85，0.84，0.74 となった。また LRQ-J 全体では $\alpha = .92$ となった。α 係数は，おおよそ 0.7 を超えた値であれば信頼性があると判断される。つまりこの結果から，LRQ-J の全ての下位尺度が，調査する上で問題のない内的整合性を持つと判断できる。

3-3-5　LRQ-J と他の尺度との関連

本調査では，LRQ-J のほかに四つの尺度を同じ参加者に解答してもらった。そこで，これらの各尺度についても尺度得点を算出し，LRQ-J の各下位尺度得点との相関係数を算出した。それぞれの尺度間の相関係数を表3-3に示す。この結果，多くの尺度が LRQ-J と有意な関連を持つことが分かった。表の中では，米印（*）がついている数値が，その関連性が有意であることを示している。まず，没入傾向を測定する CEQ と III は，LRQ-J の多くの下位尺度と関連することが示された。次に，イメージ鮮明性を測定する QMI 総得点は，LRQ-J の全ての尺度に対して，ほぼ同程度の相関を示した。一方，自我の統御を測る ER 尺度では対他的 ER が，LRQ-J のうち読書への没頭尺度を除く四つの下位尺度との間で弱い相関を示し，物語理解に伴う活発な体験と関連することが明らかとなった。いずれも，原版を開発した Miall and Kuiken（1995）の報告や第2章での考察から予想されたとおりの結果となった。

3-3-6　LRQ-J の信頼性と妥当性は示されたか

研究2の調査結果から，LRQ-J の信頼性と妥当性についてどのようなことが

表3-3．LRQ-J の各尺度とその他の尺度との相関

		N	平均	SD	1	2	3	4	5	6
1	LRQ-J 総合	493	118.9	21.14	—					
2	共感・イメージ	495	27.06	7.69	.78***	—				
3	読書への没頭	495	21.74	6.41	.77***	.44***	—			
4	作者への関心	496	19.56	5.41	.75***	.42***	.53***	—		
5	現実の理解	496	24.73	5.18	.79***	.50***	.54***	.54***	—	
6	ストーリー志向	495	26.74	4.00	.54***	.30***	.33***	.24***	.33***	—
7	CEQ	232	51.88	9.32	.39***	.47***	.24***	.17*	.27***	.15*
8	III	180	65.09	15.76	.52***	.55***	.44***	.30***	.30**	.13
9	QMI 総合	216	101.9	27.38	.43***	.35***	.28***	.31***	.31***	.26***
10	対他的 ER	485	38.24	8.39	.20***	.25***	.06	.17***	.14**	.10*
11	対自的 ER	487	31.40	8.39	.10*	.18***	.00	.03	.13**	−.01

***$p<.001$　**$p<.01$　*$p<.05$

いえるだろうか。因子分析の結果，信頼性分析の結果，他の尺度との相関の分析の結果，それぞれについて考察してみよう。

因子分析と信頼性の分析からいえること　本調査での因子分析の結果，LRQ-J は研究1での項目選定のときに仮定した5因子構造が確認された。この結果は，LRQ-J の各下位尺度の示す内容が，しっかりとそれぞれの因子を反映していることを示すものである。Miall and Kuiken（1995）が報告した原版の因子構造と比較してみると，LRQ-J の因子構造は，完全に一致したとはいえないものの，類似した，もっといえばほぼ同等の尺度を作成することができたと考えられる。また，各下位尺度の a 係数も高い数値となったことなどから，LRQ-J の信頼性についても確認することができたものと思われる。一方，各得点について行った性差の検討では，作者への関心尺度において，男性のほうが得点の高いことが示された。原版での検討では，どの因子にも性差は見出されておらず（Miall & Kuiken, 1995），この点は原版と食い違う結果となっている。わが国においてなぜ作者への関心の傾向にのみ性差がみられるのかについては，改めて調査などを行うことを通して検討する必要があるだろう。

「共感」と「イメージ鮮明性」の関係　一方，原版において「共感」と「イメージ鮮明性」という二つの下位尺度となっていた項目群が，LRQ-Jでは「共感・イメージ」という一つの因子としてまとまる結果となった。このことについては慎重な考察が必要である。実は，これと同じ結果は研究1の予備調査における最初の因子分析の結果でも示されており，日本人サンプルにおけるこの構成概念はかなり頑健なものであると考えられる。予備調査と今回の本調査の結果は，第2章で物語への没入の構成要素について考察した際に，同一化・共感とイメージ鮮明性とをそれぞれ異なる下位要素として捉えたのとは矛盾する。現時点で，これに対して明確な説明を与えることは難しいが，一つの仮説として，日本と欧米における読みの体験の相違が考えられる。第2章で述べた仮説はいずれも海外の研究成果に基づいたものであり，日本人を対象とした調査結果は反映されていない。もしかしたら，日本人は欧米人とは異なり，情景のイメージと登場人物の共感とを結びつけて体験しているのかもしれない。しかしながら，このような相違が果たして存在するかどうかや，仮に存在したとしてなぜこのような相違が生じるかについては，今後慎重に検討する必要がある。いずれにしても，今回作成したLRQ-Jがその役割を果たしてくれることは間違いないであろう。

各因子は関連しあっている　因子分析の結果示された因子間相関では，ストーリー志向尺度を除く四つの下位尺度で中程度の相関がみられた。また，下位尺度得点の内部相関においても，すべての組み合わせで有意な相関がみられた。これらの結果は，LRQ-Jの各因子が相互に密接な関連を持っていることを推測させる。つまり，LRQ-Jの各下位尺度の構造は仮説どおりに再現されたものの，これらが完全に独立した無関係な次元と捉えるのは不適切であるかもしれない。そうであるならば，各因子の関連はいったい何によってもたらされているのか。後述するように，Miall and Kuiken (1995) の指摘したような没入性との関連は，研究2でも見られる結果となった。このことを考えるならば，現実から離れて物語世界に入り込む体験が，「没入」以外の文学的な体験の中核となっている可能性もある。この点については，次の第4章で詳しく検討することにしよう。

LRQ-J と他の尺度の関連が示すもの　LRQ-J の妥当性を検討するために行った相関分析では，多くの尺度との間で有意な相関がみられた。そしてその多くは，Miall and Kuiken（1995）による報告を支持する結果となっていた。このことは，今回作成した LRQ-J が測定ツールとして問題のない妥当性を有していることを示すといえるだろう。今回の結果について，それぞれの尺度を順にみていこう。

LRQ-J と没入性の尺度　まず，CEQ と III は，LRQ-J のほとんどの下位尺度と有意な相関を示し，原版における Miall and Kuiken（1995）の報告と一致した結果となった。さらに，原版では没入性との関連が見られなかったストーリー志向尺度でも，CEQ との弱い相関が得られた。これらの結果は，一般的な没入のしやすさが，LRQ-J が測定する文学的体験の広範囲な側面と関連することを示唆しており，第 2 章で述べたような，読みへの没頭が没入性の構成概念として位置づけられるとする指摘（Baum & Lynn, 1981; Davis et al., 1978; Fellows & Armstrong, 1977）とも矛盾しない結果となっている。

　ところで，今回の分析では，III は共感・イメージ尺度と読書への没頭尺度に対してどちらも同じくらいの相関を示した。一方，CEQ は，共感・イメージとは III と同じくらいの相関が見られたが，読書への没頭との相関はそれよりも低い値となった。この差はいったい何が原因なのだろうか。二つの尺度を比較してみると，CEQ の測定する空想傾向は，非日常的な体験をも含む概念であるが，III の測定する想像活動への関与は，さまざまな側面におけるイメージへの没頭が主な内容となっている。一方，LRQ-J の共感・イメージ尺度と読書への没頭尺度の内容を比較すると，前者は物語の内容にかかわるようなものであるのに対し，後者は物語の内容よりも，現実世界の感覚から遠ざかるという傾向を測っているという点が異なっている。つまり，物語世界への没入には，物語世界に入り込む現象（イメージを鮮明に体験する，共感するなど）と現実を離れて読み行為にのめりこむ現象（時間の感覚を忘れる，自分や周りへの注意が低下する）という二つの側面があり，このうち後者については，空想傾向にみられる非日常的な体験との関連性が低いのではないかと推測される。これは，第 2 章で述べたような，注意の集中や外界への意識の消失と，共感やイメージとが異なる体験であるという

仮説を支持するものともいえる。没入現象については，外界や自己に対する意識が断たれる「解離体験」との関連性も指摘されており（岡田・松岡・轟，2004），今後，そういった側面との関連も検討する必要があるだろう。

没入とイメージ能力　イメージ鮮明性の尺度である QMI は，LRQ の全ての下位尺度と有意な相関を示し，イメージ鮮明性因子を有していた原版の特徴と矛盾しない結果となった。原版では，イメージ鮮明性に関する検討は行われていないが，今回の結果は，イメージ鮮明性の高さが，没入体験だけでなく文学作品に触れたときの幅広い体験に対しても重要な役割を担っていることを示すと思われる。同時に，読みの過程にイメージ活動が関与するという Nell（1988）の指摘を支持するものといえるだろう。

物語への没入と精神的回復力　さらに，LRQ-J は ER 尺度との間でも弱い正の相関を示した。とりわけ，対他的 ER との関連は，対人場面における心理的な回復力の強さが，物語へ没入する傾向の高さと関連していることを示している。Miall and Kuiken（1995）は，LRQ が健常な自我機能としての退行と関連することを指摘したが，この関係は，原版の中の洞察因子のみにみられたものであった。しかし，今回の結果は，それ以外の体験とも自我の回復力が関連することを示している。このことは，個人の精神的健康が物語を読むときの体験と関連する可能性があるという点を示唆するという点で，画期的なものである。

　以上のことから，LRQ-J はわが国での使用に耐える十分な信頼性と妥当性を有する尺度であることが明らかになった。これまで，わが国で物語への没入体験について研究することは，その測定を行う尺度がなかったためにほとんど行われていなかったが，今後は LRQ などの尺度を用いて，物語を読むときの体験をつまびらかにしていくような研究成果が期待できるだろう。

第4章

没入体験は読書行為と
どう関連するか

4-1　没入体験と文学的体験

4-1-1　物語への没入体験を読書行為に位置づける

　私たちが体験する（ことのある）物語世界への没入には，大きな個人差がある。このうち特性の個人差については，第3章での二つの調査を通して開発されたLRQ-Jを用いることで，客観的に測定できるようになった。それでは，この没入体験とは，具体的にどのような体験なのだろうか。この章では，LRQ-Jを用いて，没入体験の実像にさらに迫ってみたい。

　第3章でも述べたとおり，LRQが測定しているのは没入体験だけではない。没入を測定している「共感・イメージ」尺度と「読書への没頭」尺度のほかに，「作者への関心」「現実の理解」「ストーリー志向」という三つの側面も，LRQは測ることができる。それでは，この三つの側面は物語への没入とどのように関連しているのだろうか。そもそも，一見すると没入とは全く異なるようにみえるこの三つの要素が，同じ尺度の中に組み込まれているのはなぜなのだろうか。実は，このことについて考えていくと，没入体験のある側面がみえてくる。それは，私たちが物語を読むことで得られる体験，もっといえば，物語を読むことでしか得ることができない体験がある，という点である。そしてそれは，おそらく私たちが物語を読むという活動，つまり読書活動を支える源泉の一つになっている。それでは，その体験とはいったい何なのだろうか。そしてそれに没入体験はどう関連しているのだろうか。この問題を解明する一つのヒントは，心理学ではなく文学の領域で検討されてきた。そこでまずは，文学研究における「文学を読む」という体験へのアプローチについてみてみよう。

4-1-2 「文学的体験」とは何か

一口に文学といってもさまざまな領域があるが，その中でも，文学理論，とりわけ読者反応論と呼ばれる研究領域では，読者が文学作品に触れたときにどのような反応を体験するかという問題が主に取り上げられてきた（Fish, 1982 小林訳 1992; Holland, 1975; Iser, 1976 轡田訳 1982）。たとえば Iser（1976 轡田訳 1982）は，「テクストは，読者が遂行する意味構成を経て初めて完成する」（p. 184）と述べ，読者の体験が文学作品理解にとって重要であると指摘している。こうした体験を本書では文学的体験と呼ぶことにするが，この文学的体験は，当然のことながら物語読解過程で生ずると考えられる。それでは，文学的体験は読者の中でどのように生ずるのだろうか。近年，文学的体験の生起メカニズムとして提唱されている理論の一つに，「自己変容感情仮説」（hypothesis of Self-modifying feeling）がある。

自己変容感情仮説は，LRQ を開発した Miall らの一連の研究によって提唱された仮説である（Kuiken, Miall et al., 2004; Kuiken, Phillips, Gregus, Miall, Verbitsky, & Tonkonogy, 2004; Miall & Kuiken, 2002）。この理論において Miall らは，文学を読解するときに読者が体験するさまざまな感情（feeling）が，読解そのものを支え，さらにはカタルシスや自己理解の変容といった文学的効果をもたらすと主張している。

Miall and Kuiken（2002）は，読解中に読者が体験する感情を，その対象と機能から四つに分類している。第1は「評価感情」（evaluative feeling）である。これは，読みに対する喜びや楽しみといった読解過程全体に関連する感情であり，文学的な効果そのものよりも読書を続ける活動を支えるもの，言い換えれば読書の動機づけとして機能する。次に，第2の「物語感情」（narrative feeling）は，物語の出来事や登場人物などの内容に対して抱く共感や感情移入などを指す。第3の「審美感情」（aesthetic feeling）は，物語文章の文体表現（比喩やアイロニーなど）に対して生起する感情を意味する。文学作品にはさまざまな形で高度な文体表現が使われていることが多く，それらに対して読者は自然と感情反応を生じるという。ここで，物語感情と審美感情の間に相互作用が生ずる。物語感情は，作中の出来事と読者自身の体験の類似によって生じる感情であるが，文学的な文

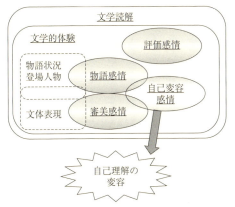

図4-1. 自己変容感情仮説の概念図(Kuiken, Miall et al., 2004；Miall & Kuiken, 2002を参考に筆者が作成)

体表現がそこに加わり審美感情が生じることで，読者の体験と類似していない出来事の描写を読むときにも，物語感情のような体験を生ずることがある。その感情は，自己の体験の新たな側面を暗示するものとして機能するようになる。さらに，こうした感情は作中の他の場面を読んでいるときにも持続して現れたりすることで，自己理解や自己意識の変容を促すものとなる。この感情が第4の「自己変容感情」(self-modifying feeling)であり，これが文学体験の中心を担う感情であるとする。この仮説の全体像を示すと図4-1のようになる。便宜上，本書では文学的体験をこの四つの感情を中心とした体験として扱う。

4-1-3 没入体験と文学的体験の関係

Miallら(Kuiken, Miall et al., 2004; Kuiken, Phillips et al., 2004; Miall & Kuiken, 2002)の理論を要約すれば，次のようになる。文学作品を読むとき，読者は登場人物に共感し感情移入する。このとき，文体表現の技巧に対する意識が加わると，読者はおのずと物語内の出来事から自分自身へと思考の対象を変化させ，自己に対する新たな洞察や自己観の変化，つまり，「自己への見方が変わった」といった体験が生じやすくなるというのである。この仮説に従うならば，共感や感情移入

は，作者や文体への関心と相互作用することで，自己理解や自己観の変化を促す役割を持つということになる。ここで第2章の内容を思い返してほしい。共感や感情移入は，まさに本書の主題である物語への没入体験の要素である。このように考えれば，物語感情とは物語への没入と同等のものであると捉えることができる。

それでは，この物語感情は果たして没入体験と同じ体験を指しているのだろうか。Miall（2011）は，物語への移入（Green, 2004; Green & Brock, 2000）が物語読解による自己変容の役割を果たすことを指摘している。この中では，Miallは物語感情と移入とを直接的に結び付けてはいないが，物語への没入が文学的体験を促す役割を持っている可能性がある。現在までのところ，自己変容感情仮説を支持するような調査データは，筆者の知る限り報告されていないが，これらの体験を実証的に検討することは重要であるといえるだろう。

さて，ここで問題となるのは，没入体験が審美感情と連動しつつ自己変容体験を導くという自己変容感情仮説を，どのように検証するかという点である。つまり，この仮説を検証するためには，仮説を構成する三つの概念のうち残る二つの感情，すなわち審美感情と自己変容感情を測定することが必要となる。ここで，

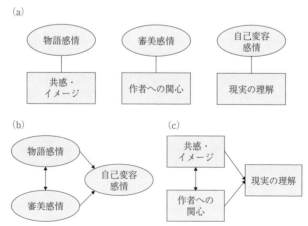

図4-2．自己変容感情仮説から推測できるLRQ-J下位尺度間の関連性

LRQ-Jの各因子とこの二つの感情を比較すると，審美感情は作者への関心因子と，そして自己変容感情は現実の理解因子と，それぞれ概念的類似性があるように思われる。物語感情は上で述べたように没入体験として捉えることが可能であるため，この類似性は図4-2 (a)のようにまとめることができる。もし，これらの対応関係が妥当なものであれば，図4-2 (b) に示したような自己変容感情仮説における文学的体験のプロセスは，図4-2 (c) で表されるようなLRQ-Jの下位尺度間の関係に反映されると予想できる。

4-2　物語への没入と読書習慣

4-2-1　没入体験と読書習慣

　前節でみてきたように，没入体験は，物語を読解する際のさまざまな文学的体験と関連する可能性がある。それでは，それらの体験は，私たちの読書活動とどう関連しているのだろうか。一般に，本をよく読む人物を指す「本の虫」ということばを聞くと，文学作品が好きな人というイメージを抱く人も多いだろう。彼らはおそらく，本をたくさん読むだけでなく，そうした読書から文学的体験も多く経験しているはずである。そう考えれば，文学的体験が読書をしようという意思に結びついているのではないか，という仮説は自然に思いつく。こうした「読書をしよう」と思う思考やモチベーションは，心理学では「読書への動機づけ (reading motivation)」と呼ばれる。

　読書活動，あるいは，普段どれくらい本を読むかという読書習慣がどのように形成されるかは，読書への動機づけに関する研究から示唆を得ることができる。それによれば，読書の動機づけには物語へ没入するという体験も含まれていることがみてとれる。たとえばGreaney and Neuman (1990) は，読書の機能（どのような効果を期待して読書をするか）について13カ国の児童生徒を対象に調査を実施している。その結果，自由記述の分析から得られた10のカテゴリのうちの一つに，「空想し，登場人物に関与し，イメージする」という刺激 (stimulation) 機能を見出している。これは，第2章で述べた没入の構成要素の多くと重複する。また，読書の動機づけを量的に測定する研究も多く行われ，複数の測定尺度が開発

されている。たとえば，Wigfield and Guthrie（1997）は「Motivation of Reading Questionnaire: MRQ」という尺度を作成している。これは，動機づけを11の次元から多面的に測定する尺度であり，後に Watkins and Coffey（2004）によって改訂版が作成されているが，この下位因子には「没頭」(involvement) という，物語の架空世界に没頭することを好む傾向を測定する因子が含まれている。同じような因子は，これ以外の読書動機づけ尺度，たとえば Reading Motivation Questionnaire（Schaffner & Schiefele, 2007）や SRQ-Reading Motivation（De Naeghel, Van Keer, Vansteenkiste, & Rosseel, 2012）などにも含まれており，物語への没入は読書活動を支える動機づけの一側面として捉えられている（Schiefele et al., 2012）。こうした読書の動機づけは，読書量や読解能力と関連することが示されている（Schaffner, Schiefele, & Ulferts, 2013; Schiefele et al., 2012）。すなわち，読書への動機づけが高いほど，普段の読書量は多くなり，また文章読解の能力も高いということが示されている。以上のことからは，物語世界への没入体験は物語への接触の程度に影響する可能性が考えられる。しかしながら，動機づけ研究において没入は中心的な関心ではないためか，没入がどのような現象であり，どのように読書活動に関連しているかはあまり詳しく検討されていない。そのため，没入体験の程度が読者の物語への接触頻度と関連するかという問題は，改めて検討することが必要であろう。これを検討することは，没入体験が読書活動に果たす役割を明らかにするという意味で意義があると考えられる。

4-2-2 文学的体験と読書習慣

一方，文学的体験と読書習慣との関連については，Miall and Kuiken（1995）が LRQ を作成した際に，読書習慣や余暇活動に関する質問も行っている。それによると，洞察，イメージ，共感，余暇の逃避，作者への関心という，LRQ の下位尺度のうち五つは，小説を読む頻度とのあいだに $r=0.22〜0.58$ という正の相関があったことを報告している。さらに，作者への関心得点は詩歌を読む頻度とも $r=0.27$ という，こちらも正の相関がみられた。わが国での研究としては，秋田・無藤（1993）が児童を対象に読書の調査を行っている。それによれば，読むことの意義として「空想する」ことを重視する傾向が高い児童ほど，読書に対

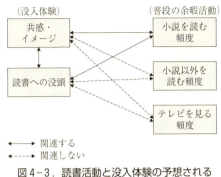

図4-3. 読書活動と没入体験の予想される関連性

して良い印象を抱きやすく，さらにそうした肯定的印象が高いほど，読書量も多くなるという関係があるという。これらのことから考えると，LRQ-J，とりわけ共感・イメージ，読書への没頭の各下位尺度は，図4-3のように，読書頻度，とりわけ物語を読む頻度と関連することが予想される。

第1節，第2節で述べたことから，次の二つの仮説を立てることができる。第1の仮説は，「LRQ-Jの共感・イメージ得点は作者への関心得点と関連し，現実の理解得点に影響する」というものである。そして第2の仮説は「共感・イメージ得点と読書への没頭得点は小説を読む頻度に影響する」というものである。本章では，この二つの仮説を検討するために行った二つの調査を紹介する。一つは，女子大学生を対象とした調査，もう一つは，一般社会人を対象に行ったウェブ調査である。

4-3　女子大学生を対象とした読書活動の調査（研究3）

最初の調査では，物語への没入体験を含めた文学的体験傾向が相互にどのような関係にあるのか，そして，それらと読書習慣とがどのように関連するのかを検証するために行った調査を紹介する。今回の調査は，女子大学生を対象として行ったものである。

4-3-1　調査の概要

調査の方法　調査に参加したのは，女子大学生236名（平均年齢19.1歳，年齢未記入者9名を含む）であった。彼らは，大学における講義の際にアンケートが配られ，その場で回答するよう求められた。調査に使用したのは，第3章で開発したLRQ-Jと，以下に紹介する余暇活動の調査用紙の二つである。なお，LRQ-Jと余暇活動調査はそれぞれ別の日に配布，実施した。

余暇活動に関する調査用紙　今回，普段の読書活動を調査するためのアンケートとして，余暇活動に関する調査用紙を新たに作成した。これは，読書を含むさまざまな余暇活動について，過去1カ月間にどれくらい行ったかの程度を測定するものである。調査項目は，直井（2005）における余暇活動に関する質問項目を参考に，読書，雑誌，新聞，音楽，テレビ，映画，インターネット，ゲーム，スポーツ，個人的な勉強，散歩，何もしない，というカテゴリから計21の活動を抽出した。評定は「5：毎日」「4：週1回以上」「3：月1回以上」「2：たまにする」「1：しない」の5段階から回答してもらった。項目の詳細は表4-3にまとめてある。

4-3-2　LRQ-Jと余暇活動の関連

それでは，結果がどのようになったかをみてみよう。今回報告するのは，LRQ-Jの各下位尺度どうしの関連性，LRQ-Jと余暇活動調査の関連性，そしてそれをもとに行った「構造方程式モデリング」と呼ばれる分析の結果である。構造方程式モデリングについては最後に述べることにして，まずは各質問の関連性について見ることにする。

記述統計　まず，LRQ-Jの基礎データを表4-1に示す。表は，各下位尺度の平均得点と標準偏差，そして尺度のα係数を一覧にしたものである。これを見ると，LRQ-Jのうちストーリー尺度を除く4尺度の信頼性係数はそれぞれ0.8以上となり，改めて尺度の高い信頼性が確認された。

表4-1. LRQ-Jの各尺度得点と信頼性係数

	共感・イメージ	読書没頭	作者関心	現実理解	ストーリー
N	208	206	208	208	208
平均値	25.35	21.30	17.49	24.05	27.41
標準偏差	7.19	6.12	5.51	5.48	3.74
Cronbach a	.81	.82	.80	.82	.59

表4-2. LRQ-J各尺度の内部相関

		1	2	3	4
1	共感・イメージ	—			
2	読書への没頭	.42***	—		
3	作者への関心	.30***	.40***	—	
4	現実の理解	.49***	.43***	.51***	—
5	ストーリー	.25**	.30***	.13	.20**

注：$N = 173$　*：$p < .05$，**：$p < .01$，***：$p < .001$

LRQ-Jの下位尺度同士の関連　次に，LRQ-Jの下位尺度がどのような相互関係にあるかを検討した。この分析では，調査時の講義のどちらかに参加していなかった学生や回答に不備のあった学生のデータを除外し，残った173名分のデータを分析の対象とした。そして，文学的体験傾向の下位概念間の関連性を検討するため，LRQ-Jの各下位尺度について相互の相関係数を算出した。表4-2は，各下位尺度の組み合わせごとの相関の値を表したものである。これをみると，ストーリー尺度以外の4尺度間の相関はいずれも0.4以上という値であることが分かる。これは，LRQ-Jの多くの下位尺度が互いに関連していることを示している。

LRQ-Jと余暇活動調査との関連性　では，文学的体験傾向と余暇活動との関連はどうであろうか。LRQ-Jと余暇活動の21項目の頻度との間で，相関係数を算出したものが表4-3である。これをみると，小説，詩歌，文学作品など読書に関する項目との間で，LRQ-Jの多くの下位尺度が有意な相関を示していることが分かる。特に，読書への没頭得点と小説や文学作品を読む頻度との間では，相

表4-3．LRQ-J 得点と余暇活動頻度との関連

		共感・イメージ	読書没頭	作者関心	現実理解	ストーリー
本	小説	.15	.65***	.31***	.30***	.10
	詩歌	.22**	.31***	.19*	.20**	-.07
	文学	.16*	.45***	.29***	.30***	-.03
雑誌		-.01	-.19*	-.03	.03	.10
マンガ		.21**	.38***	.11	.09	.18*
新聞		.12	.16*	.16*	.14	.04
音楽	J-POP	.02	-.05	.06	.01	.08
	洋楽	.00	.05	.05	.05	.01
	クラシック	.15*	.17*	.18*	.23**	-.09
テレビ	バラエティ	-.03	-.11	-.12	-.01	.11
	ドラマ	-.05	-.05	-.05	-.04	.09
	アニメ	.13	.14	.11	.09	.05
	ニュース	.12	.12	.09	.11	.07
映画		.10	.02	.09	.13	-.02
ネット		.12	.12	.11	.04	.18*
ゲーム		.21*	.26***	.13	.04	.09
スポーツ	参加	-.05	-.16*	-.15*	-.15	-.02
	観戦	-.02	-.03	-.02	-.03	.10
勉強		.06	.05	.11	.11	-.05
散歩		.14	.20*	.08	.19*	-.05
何もしない		.01	.02	-.04	.03	-.05

注：$N = 173$，*：$p < .05$，**：$p < .01$，***：$p < .001$

関の値は比較的高い値となった．また，クラシック音楽を聴く頻度は，作者への関心尺度や現実の理解尺度などと有意な相関を示した．とりわけ注目されるのは，現実の理解との間の相関が0.2を超える値となったことである．さらに，マンガを読む頻度についてみてみると，共感・イメージ得点や読書への没頭得点などとの関連がみられた．こうしたことから，没入体験などの文学的体験は，物語の読書以外の活動とも一定の関連性を持つことが分かる．一方，LRQ-Jの各下位尺度と，テレビや映画を見る頻度との間には有意な相関は得られなかった．

4-3-3 関連性を詳細に分析する「構造方程式モデリング」

構造方程式モデリングとは何か これまでは，相関係数という値を見ることによって，各得点どうしがどれくらい関連性を持っているかを推測していた。しかし，この方法では，どの尺度の得点がどの尺度の得点と関連しているか，そのパターンを詳しく把握することは難しかった。そこでここでは，関連性を調べるための別の分析法として「構造方程式モデリング」を用いる。

構造方程式モデリングとは，尺度と尺度の間の「説明する・される」という関係をあらかじめ仮説として設定したモデルを作り，そのモデルが実際のデータに上手く当てはまるかを推定する方法である。ここでいう「説明」とは，次のようなものである。図4-4をみてほしい。尺度Aの得点が高いか低いかというばらつきが，尺度Bによってもたらされているかどうかを知りたいとしよう。そのとき，尺度Aの得点のばらつきが尺度Bの得点のばらつきによって説明できるのではないかという仮説モデルを立てる。同じように，尺度Cもまた尺度Bによって説明されると考えたならば，それもモデルの中に組み込む。このようにすると，多くの尺度の得点の関係を，「説明する・される」という関係で表すことができる。このとき，説明する，されるという関係は，モデル図の中では矢印によって表す。こうして作ったモデルが，実際の調査で得られたデータに当てはまっているかを調べるのが，構造方程式モデリングである。このときのデータの当てはまりのことを「適合度」と呼び，GFIやCFI，RMSEAといった指標を元に判断する。

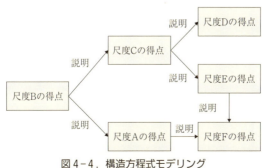

図4-4．構造方程式モデリング

文学的体験と読書活動の関連をモデル化する　それでは，実際に構造方程式モデルを用いることで，今回の調査の結果どのようなことが分かったのかをみてみよう。まず，図4-2と図4-3を元に仮説モデルを構成した。すなわち，共感・イメージ尺度と読書への没頭尺度はともに没入体験の下位概念であると考えられたため共変関係，つまりお互いに関連しあう関係にあると仮定し，その上で，この二つの得点が作者への関心尺度と現実の理解尺度へそれぞれ影響し，これとは別に，作者への関心得点が現実の理解得点に影響するという仮説モデルを設定した。また，文学的体験と余暇活動との関連については，表4-3を元に，余暇活動の中で文学的体験傾向と関連しないと推測された項目を除外し，小説，詩歌，文学，マンガ，ゲームのそれぞれの活動頻度を選定した。そして，文学的体験傾向のうち没入体験に関連する共感・イメージと読書への没頭が，五つの活動頻度に影響すると仮定し，また作者への関心尺度が，詩歌や文学作品の読書頻度に影響すると仮定した。

　こうして設定したモデルに基づいて分析を行った結果，共感・イメージから各余暇活動へのパスと，作者への関心から詩歌へのパスを除外した図4-5のようなモデルの適合度が充分なものであると判断された（GFI = .934, CFI = .910, RMSEA = .087）。このモデルでは，LRQ-J の測定する文学的体験の中でも読書

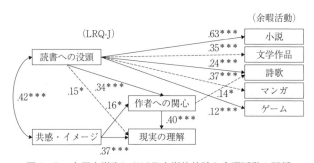

図4-5．女子大学生における文学的体験と余暇活動の関係
注1：値は標準化パス係数。* : $p < .05$, *** : $p < .001$
注2：誤差変数は省略した。
注3：実線矢印は係数が0.2以上のパス，破線矢印は0.2未満のパスを示す。

への没頭傾向が，さまざまな読書頻度，とりわけ小説を読む頻度に関連すること，作者への関心傾向が文学作品を読む頻度と関連することが示された。そして，読書への没頭と共感・イメージは，作者への関心，現実の理解それぞれに関与していることが示唆された。

4-3-4 調査結果から何が分かるか

4-3-2と4-3-3では，今回の調査の結果をデータの形で紹介してきた。では，以上のような結果は，何を意味するのだろうか。この調査で明らかにしたかったのは，次の三つの点であった。すなわち，第1に，LRQ-Jの下位尺度どうしが，すなわち文学的体験の各要素がどのような関係にあるのか，第2に，文学的体験と読書活動との関連，そしてそれをモデルとしたときに，第1節で紹介した自己変容感情仮説が支持されるかどうか，という三つの点であった。以下，それぞれの点について，今回の調査結果から考えられることをまとめてみたい。

LRQ-Jの下位尺度間の関連性　まずは，LRQ-J各下位尺度の相互関係についてみてみよう。相関分析の結果，ストーリー志向尺度を除く四つの下位尺度の内部相関は0.4以上と比較的高い値となった。これらは，Miall and Kuiken (1995) の報告とも一致しており，また第3章の研究2で報告した，LRQ-Jの相関の結果とも矛盾しないものである。このことから，情景のイメージ化，作者や文体への注目，読解にともなう自己洞察などといった，文学的体験の構成要素は相互に関連しているといえる。一方，ストーリー志向尺度と他の下位尺度との相関は，上記の結果よりもやや低い値となった。このことは，ストーリー志向尺度が示すような，あらすじや展開に注目しそれらの推移を楽しみながら読むという傾向が，物語への没入や作者と文体への注目，読解に伴う自己洞察などとはあまり関連しないことを示唆している。Miallらの報告によれば，LRQの七つの因子をさらに因子分析すると，洞察，共感，イメージ，没頭などのまとまりと，ストーリーへの注目，文学的解釈の拒否などのまとまりが，それぞれ異なる因子で説明できるという。今回の調査における相関の結果も，これと矛盾するものではないと考えられる。また，LRQ-Jのストーリー尺度の質問項目を見てみると，読解中の体

験や反応というよりも，普段の読書に対する態度や指向といった意味合いが強く，読解中の体験を測定していると考えられるその他の四つの尺度とは，やや異なる側面を測定しているとも考えられる。しかしながら，ストーリーへの注目傾向が没入体験などとどのような関係にあるかは，Miallらの報告も含めてあまり検討されているとはいえない。ストーリー志向尺度が問う内容はその性質上，読者が好む物語のジャンルなどに関連する可能性があり，また物語世界への没入体験が，そうしたジャンルに対する読者の好みの影響を受ける可能性も充分に考えられる。LRQは，物語のジャンルによる文学的体験の変化という側面を測定することはできない。この問題については今後，慎重に検討する必要があるだろう。

文学的体験と読書活動の関連性　次に，文学的体験と余暇活動との関連はどうであろうか。今回の調査では，LRQ-Jの各得点は，小説や文学作品，詩歌などの読書活動と関連がみられることが分かった。特に，LRQ-Jの読書への没頭得点と小説を読む頻度との相関は，かなり高い値となっていることから，小説を読むという活動が読書に注意を集中し外界への意識を少なくする傾向と強く関連することが考えられる。しかし，同じ物語への没入体験の一部であるはずの共感・イメージ尺度は，小説を読む頻度とは有意な関連を示さなかった。このことは，小説に触れるかどうかは情景をイメージしたり登場人物に同一化したりする傾向とはあまり関連せず，むしろ，読書にどれだけ集中できるかと関連することを示している。この結果は，第2節では予測していなかったものである。一つの可能性としては，物語を読む人はそれに熱中していることが多いが，必ずしも物語の世界に入り込み共感やイメージを体験するわけではないということが考えられる。実際，読書の動機づけの要素として共感やイメージを取り上げている研究は少なく（数少ない例外として空想などを挙げている秋田・無藤（1993）やGreaney and Neuman（1990）がある），物語内容を想像し人物に同一化することと読書活動との関連は詳しい検討が必要である。

　上記以外にも，両者の関連性では興味深い結果が得られた。たとえば，作者への関心尺度と現実の理解尺度は，クラシック音楽を聴く頻度と有意な相関を示し

た。実は，これは Miall and Kuiken（1995）の報告とも一致している結果である。この結果は，読みにおいて作者や自己，現実への洞察を行う傾向が，他の芸術への親和性と関連する可能性を示唆しており興味深い。一方，Miall らの結果からは，ストーリー志向尺度とテレビや映画を見る頻度との負の相関が推測されたが，今回の調査ではそうした関連性はみられなかった。さらにいえば，テレビを見る頻度自体が，いずれの文学的体験傾向とも関連を示さなかった。テレビドラマや映画などはいずれも物語を提供するメディアであるが，これらと LRQ-J の得点が関連を示さなかったことは，LRQ-J が文章形式の物語に触れたときの体験のみを測定しているという解釈もでき，この尺度の弁別的妥当性が充分なものであることを示唆しているといえよう。

自己変容感情仮説は支持されたか　今回の分析で行った構造方程式モデリングでは，図 4-5 のようなモデルの適合度が高いと判断された。これを見ると，LRQ-J の共感・イメージ尺度や読書への没頭尺度が測定している物語への没入体験は，作者や文体への注目や読書に伴う自己洞察を説明する可能性がみて取れる。そのため，第 1 節で述べた自己変容仮説は，今回の結果をみる限りでは支持されたと考えることができる。

　今回の結果をもう少し詳しくみてみよう。すると，共感・イメージと読書への没頭とでは，作者への関心と現実の理解それぞれへのパス係数の値に差があることが分かる。すなわち，共感・イメージは自己洞察傾向をより強く説明しているのに対し，読書への没頭は作者や文体への注目傾向を強く説明するというパターンが示されている。この結果を解釈することは容易ではないが，没入を構成する共感・イメージと注意の集中との違いによって説明できる可能性がある。まず，共感・イメージにおいては，物語の世界や登場人物が現実のように感じられることで，物語内の出来事をより身近に体験する。そしてそのことが自己や現実世界への深い洞察につながると考えられる。一方，読書に集中することは，物語の内容の体験だけでなく文章の理解やその表現に対する注意を増大させ，その結果として文体やその背後にある作者への注目が高まると考えられる。いずれにしても今回の結果は，物語への共感などが自己観の変容を導くという指摘（Kuiken,

Miall et al., 2004; Miall & Kuiken, 2002）を，量的手法を通して実証したものといえるだろう。

　また，今回の調査で検討されたモデルでは，次のようなことも明らかになった。すなわち，読解活動への没頭が読書量を説明するということが示されたのである。この結果は，没頭が読書への動機づけの一部となっているという先行研究からの指摘（秋田・無藤，1993; Schiefele et al., 2012; Wigfield & Guthrie, 1997）を，間接的にではあるが支持している。文学的体験と読書活動との関連は，すでに相関分析の結果からも考察しているが，今回の結果からは，それでは得られなかった重要な示唆をいくつか得ることができる。まず，読書への没頭と読書以外の余暇活動との間に関連がみられたことは，外界への注意を読書に集中するという体験が，小説や詩歌といった読書頻度だけでなく，ゲームやマンガといった余暇にも関連していることを示唆している。この結果は，ゲームやマンガが読書に近い体験として参加者に認識されていたと解釈することができるだろう。マンガは小説と同様，物語のメディアとして広く認知されていると考えられ，またゲームにもロールプレイングゲームなどのストーリー性を重視したコンテンツが多く存在する。さらに，読者の操作によって物語の展開が変化する「インタラクティブ物語」というコンテンツが近年では注目されており（Salen & Zimmerman, 2004），今後こうした物語も広がっていくことが予想される。今後，ゲームやインタラクティブ物語などと読者の体験との関連を詳しく検討することも重要となってくるだろう。

4-4　一般社会人を対象とした文学的体験と読書習慣の調査（研究4）

4-4-1　没入体験や読書活動の男女差

　前節で紹介した調査（研究3）の結果から，物語世界への没入体験が，文体への注目や自己洞察といった文学的体験を促す可能性，そしてそれらが読書頻度と密接に関連しているということが分かった。しかしながら，この調査における参加者は女子大学生に限られている。この章の始め，第1節で述べた仮説を検証す

るためには，男性を含めた一般成人を対象とした調査を行い，この調査と同じような結果が得られるかを調べる必要がある。というのも，これまでの研究では，読書活動に男女差が存在することを示唆する成果がいくつか得られているからである。たとえば，男性よりも女性の方が読書時に体験する感情は多く，また多様であること（Oatley, 1999b; van der Bolt & Tellegen, 1996），あるいは，読書への動機づけは男性よりも女性の方が高いことなどが示されている（Marinak & Gambell, 2010）。さらに，物語への没入についてみてみると，男性と女性とでは没入する物語の種類に違いがあるということも指摘されている（Odağ, 2013）。これらのことから考えると，没入を含む文学的体験傾向や余暇活動などにも性差が見られる可能性がある。

4-4-2　批判的に考える傾向と没入体験

そしてもう一つ，没入体験の性質を考える上で，関連性を調査すべき心理現象がある。それは，批判的思考態度と呼ばれる特性である。批判的思考態度とは，与えられた情報を主観的に判断するのではなく，客観的に捉え，検討し，かつその推論過程も意識的に吟味する思考態度のことである（Ennis, 1987; 平山・楠見, 2004; 楠見, 2011）。このような態度は，情報から距離をとって客観的視点で理解するような思考パターンを示すと考えられるが，物語の内容に深く入り込んでしまう没入体験とは，相反する性質のように思われる。実際，Green and Brock (2000) は，移入の特徴として物語内容への批判的思考の停止を挙げており，物語に触れたときにその内容が現実のものであるように受容するという没入体験とは反対の態度であると考えられる。このことから，物語への没入は批判的思考態度と負の関連を示すことが予想される。しかしながら，これまでのところ，没入体験と批判的思考態度について直接的に検討した研究はあまり多くない。

この節で紹介する調査では，これらの点について検証した。すなわち，没入体験や読書活動の性差を検討するために，一般成人を対象にLRQ-Jと余暇活動の調査を行い，第2節の調査結果と同じ結果が得られるかどうかを検証した。また同時に，物語への没入傾向が批判的思考態度と負の関連を持つかどうかも検討した。

4-4-3 調査の概要

調査の方法 調査に参加したのは，インターネット調査会社のモニターに登録している20歳代，30歳代，40歳代，50歳代の全国の有職者男女100名ずつ，計800名である。参加者は，アンケートが記載されているウェブページにそれぞれアクセスし，PCを通してアンケートの回答を行った。参加者の基礎データを表4-4に示す。アンケートに採用した尺度は以下のようなものであった。

没入体験傾向と読書活動の尺度 没入体験傾向を測定するのに用いたのは，これまでと同じLRQ-Jである。一方，読書習慣を問う質問項目は，第3節の研究3で紹介した調査で用いた余暇活動に関する調査を元に新たに作成した。今回の項目には，物語や読解活動に関連すると考えられる9項目（物語，詩歌，それ以外の本，マンガ，ドラマ，アニメ，それ以外のテレビ番組，映画，ゲーム）が含まれていた。回答方法は，これまでと同じく5段階評定とした。

批判的思考態度の測定 批判的思考態度を測定する指標として用いたのは，批判的思考態度尺度（平山・楠見，2004）の短縮版16項目である。この尺度は，探究心（新しい情報を積極的に取り入れようとする），客観性（情報を客観的に捉える），証拠の重視（判断をする時などに根拠を重視する），論理的思考の自覚（普段から論理的に考えることを意識する），熟慮（時間をかけてじっくり考える）という，批判的思考態度を構成する五つの側面を測定するものである。また，年齢と性別以外のデモグラフィック変数として，最終学歴（中学校：1，高等学校：2，短期大学または専門学校：3，大学：4，大学院：5）についても回答を求めた。

表4-4．研究4の参加者の平均年齢とSD

	男性			女性		
	n	Mean	SD	n	Mean	SD
20歳代	100	26.80	1.90	100	26.97	1.63
30歳代	100	35.19	2.58	100	34.46	2.85
40歳代	100	44.30	3.10	100	43.40	2.99
50歳代	100	53.53	2.75	100	53.57	2.92

4-4-4　調査の結果得られたこと

それでは，調査結果をみてみよう。今回の調査では，先ほどの調査と同じような分析に加えて，男女で各得点に違いが見られるか，そして批判的思考態度と没入体験が関連しているかといった点を中心に分析したデータを紹介する。

基礎的なデータの整理　まず，回答に不備のあったデータを除外し，742名分のデータを分析の対象とした。LRQ-J と余暇活動質問紙の平均得点（Mean）と標準偏差（SD）は表4-4のとおりである。

次に，LRQ-J と余暇活動それぞれについて，年齢や教育歴との関連を調べるために相関係数を算出した。その結果をまとめたものが表4-5である。まず年齢との関連をみてみると，マンガやアニメ，ゲームに触れる頻度は年齢と負の相関があることが明らかとなった。負の相関とは，一方の得点が高くなると他方の得点が低くなるような関連性のことである。つまり，年齢が高くなるにしたがってマンガやアニメに触れる頻度は下がっていくことが分かった。次に，教育歴との関連をみてみよう。同じ表をみると，関連する活動として物語や詩歌以外の本

表4-5．余暇活動とLRQ-Jの得点と年齢，教育歴との相関

		Mean	SD	年齢	教育歴
余暇活動	物語	2.63	1.33	.05	.05
	詩歌	1.25	.58	.09*	.01
	それ以外の本	2.58	1.26	.05	.12**
	マンガ	2.27	1.21	−.31***	.06
	ドラマ	3.27	1.31	.15***	−.10**
	アニメ	2.40	.92	−.24***	−.05
	それ以外のテレビ	2.33	1.39	.06	−.01
	映画	2.39	1.32	−.01	.00
	ゲーム	3.98	1.25	−.18***	−.06
LRQ-J	共感・イメージ	26.03	7.23	.06	−.02
	読書への没頭	20.25	6.13	.00	.06
	作者への関心	18.66	5.51	.12**	.03
	現実の理解	21.98	5.51	−.03	.04
	ストーリー	24.11	4.96	−.07	.03

注：$N = 742$，*：$p < .05$，**：$p < .01$，***：$p < .001$

を読む頻度では相関係数が正の値を，ドラマを見る頻度では負の値を示している。しかし，いずれの値も，その絶対値は0.2未満となっている。これは，両者に関連があったとしても極めて弱いということを意味する。一方，物語を読む頻度に関しては，年齢や教育歴と関連する傾向はみられなかった。またLRQ-Jでは，作者への関心尺度と年齢との相関が有意となったが，これもごく弱い関連にとどまった。

没入体験と余暇活動の性差　余暇活動とLRQ-Jの得点の性差はどうだったであろうか。男女ごとの得点を表4-6に示す。表の右列にあるのは，性差を検討するために行ったt検定の値である。まず余暇活動に関しては，物語を読む頻度とドラマを見る頻度は男性よりも女性の方が高く，逆に，マンガやアニメを見る頻度は女性よりも男性の方が高いことが示唆された。一方LRQ-Jの得点では，読書への没頭，現実の理解，ストーリー志向の各得点で男性よりも女性の方が高いという結果になった。ただし，いずれの差も，効果量を示すg値は小さいもの

表4-6．余暇活動とLRQ-Jの性差

| | | 男性 | | 女性 | | | Hedges's |
		Mean	SD	*Mean*	SD	*t*	*g*
余暇活動	物語	2.45	1.28	2.79	1.35	3.52***	.26
	詩歌	1.22	.54	1.26	.61	.97	.07
	それ以外の本	2.54	1.24	2.62	1.29	.32	.07
	マンガ	2.40	1.25	2.14	1.17	2.86**	.21
	ドラマ	3.10	1.28	3.42	1.32	3.35**	.25
	アニメ	2.55	1.31	2.25	1.32	3.10**	.23
	それ以外のテレビ	3.96	1.25	4.01	1.25	.60	.04
	映画	2.46	.93	2.34	.90	1.85	.14
	ゲーム	2.36	1.34	2.30	1.43	.56	.04
LRQ-J	共感・イメージ	25.34	6.89	26.68	7.48	2.53*	.19
	読書への没頭	19.11	5.72	21.31	6.32	4.94**	.36
	作者への関心	18.59	5.39	18.72	5.64	.32	.02
	現実の理解	21.39	5.38	22.52	5.57	2.81**	.21
	ストーリー	23.54	4.98	24.63	4.89	3.03**	.22

注：$N=742$，全て$df=740$，*：$p<.05$，**：$p<.01$，***：$p<.001$

となり，男女での差はあまり大きくないことがみて取れた．

没入体験と余暇活動の関連性　没入体験と余暇活動との関連をみるため，LRQ-Jの各得点と余暇活動との間の相関係数を算出した．その結果を表 4-7 に示す．これをみると，まず，物語を読む頻度は，LRQ-J の多くの下位尺度と有意な相関を示し，特に読書への没頭との相関が比較的高いものとなった．また，物語や詩歌以外の本，つまり非物語の本を読む頻度とも，LRQ-J の得点が関連していることが示された．一方，同じ物語でも，ドラマやアニメをみる頻度との相関は低いものとなった．映画を見る頻度と LRQ-J の相関は，研究 3 での女子大学生群よりもやや高い値となったが，それでも 0.20 未満という低い値となった．

批判的思考態度との関連　批判的思考態度尺度との間で計算した相関係数も，表 4-7 に示した．これをみると，批判的思考態度は，LRQ-J の多くの下位尺度との間で有意な正の相関が見られた．特に，探究心と論理的思考の自覚という二つ

表 4-7．一般成人における読書・余暇活動，批判的思考態度と LRQ-J との相関

		共感・イメージ	読書没頭	作者関心	現実理解	ストーリー
余暇活動	物語	.31***	.55***	.29***	.29***	.35***
	詩歌	.20***	.21***	.21***	.19***	.07
	それ以外の本	.20***	.33***	.20***	.20***	.20***
	マンガ	.07*	.17***	.01	.02	.14***
	ドラマ	.11**	.06	.04	.01	.12**
	アニメ	.03	.08*	−.01	.00	.10**
	それ以外のテレビ	.02	.00	−.03	.03	.10**
	映画	.19***	.13**	.18***	.13***	.10**
	ゲーム	−.02	−.04	−.09*	−.02	.07*
批判的思考	探究心	.26***	.27***	.33***	.39***	.27***
	客観性	.22***	.21***	.26***	.34***	.18***
	証拠の重視	.17***	.13***	.23***	.25***	.16***
	論理的思考	.21***	.20***	.31***	.31***	.16***
	熟慮	.02	.04	.07*	.11**	.06

注：$N = 742$，* : $p < .05$，** : $p < .01$，*** : $p < .001$

の尺度得点は，現実の理解尺度と作者への関心尺度との間で0.3を超える相関を示し，また，客観性尺度も現実の理解尺度との間で0.31という値となった。これらの結果は，批判的思考態度が物語読解時の作者や文体への注目，そして読解に伴う自己洞察と正の関連を持っていることを示唆している。

構造方程式モデリング　研究3での調査と同じく，文学的体験と読書習慣との関連性を詳細に検討するため，構造方程式モデリングによる分析を行った。ここでの仮説モデルは，先ほどの調査で検討したものとほぼ同様のものを採用している。ただし余暇活動としては，物語，詩歌，それ以外の本，マンガ，ゲーム，映画という，上述した余暇活動との相関分析でLRQと有意な相関のみられた主な活動に限定した。その結果，図4-6のようなモデルが，充分な適合度を持つと判断された（GFI = .977, CFI = .969, RMSEA = .071）。このモデルをみてみると，LRQ-Jの共感・イメージ得点は，作者への関心得点と現実の理解得点を，また，読書への没頭得点は特に作者への関心得点を，それぞれ説明しうることが分かる。また，作者への関心得点は現実の理解得点と関連していることも示された。余暇活動との関連では，読書への没頭得点が物語や詩歌，マンガなどを読む頻度と関連していたが，それだけでなく物語以外の本を読む頻度との関連もみられ

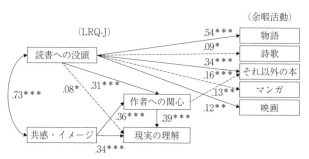

図4-6．一般成人における文学的体験と余暇活動との関係
注1：値は標準化パス係数。*：$p < .05$, **：$p < .01$, ***：$p < .001$
注2：誤差変数は省略した。
注3：実線矢印は係数が0.2以上のパス，破線矢印は0.2未満のパスを示す。

た。また，作者への関心得点は詩歌を読む頻度との関連が有意な結果となった。

4-4-5　調査結果からいえること

　今回の調査の結果をもう一度まとめてみよう。まず余暇活動と没入体験の性差についてみれば，それぞれの得点はいくつかの項目で性差がみられている。また，没入体験と余暇活動との関連も，物語を読む頻度を中心に関連が見出された。一方，批判的思考態度と文学的体験は，予想に反して正の関連がみられるという結果となっている。そして，LRQ の測定する文学的体験は相互に強い関連を持っており，特に共感・イメージと読書への没頭が，自己洞察など文学的体験の多くの側面に影響していることが示された。これらの点について，前節（研究3）の結果と比較しながら一つずつ考察してみたい。

文学的体験の関係性　文学的体験を構成する各要素どうしの関係について，今回の結果と第3節の結果を比較してみよう。今回の構造方程式モデリングで分析された仮説モデルは，女子大学生の調査でのモデルとほぼ同じものであるが，このモデルの当てはまりは，先ほどの調査結果と同様に良好なものとなった。このことは，Miall and Kuiken（2002）らが提唱している自己変容感情仮説を強く支持するものといえる。二つの調査結果はどちらも，物語に没入する傾向が，作品の文体や作者への注目，そして読みながらの自己洞察につながっていることを示している。その点で，今回の調査結果は女子大学生を対象としていた先ほどの調査とほぼ同じ結果を示していると考えてよいだろう。LRQ はあくまで文学的体験の傾向を測定するものであり，実際の読みにおける文学的体験を測定するものではないが，今後は Kuiken, Phillips et al.（2004）のような質的研究とともに，文学的体験の生起プロセスを量的に検討していくことが求められる。

文学的体験と読書活動　では，文学的体験と読書活動との関連はどうであろうか。今回の調査と女子大学生を対象とした研究3の調査とを改めてみてみると，物語への没入を反映する二つの尺度，すなわち共感・イメージと読書への没頭が，読書活動や読解の過程においてそれぞれ異なる役割を果たしているのではな

いか，ということが考えられる。つまり，読書頻度に影響を与えているのは主に読書への没頭であり，普段から読みに集中しやすく，また日常から離れるために読書をする傾向のある人ほど，日常的に本に触れていることを示すものである。これは，気分転換に読書をする子どもほど読書量が多いという秋田・無藤（1993）の結果とも一致する。また，読書に熱中することが読書の動機づけとなっているという多くの研究（De Naeghel et al., 2012; Schiefele et al., 2012; Wigfield & Guthrie, 1997; Watkins & Coffey, 2004）を支持するものといえる。一方，共感・イメージは，読書頻度には直接関連せず，むしろ，読解中に生じる文学的体験を促すはたらきをしていると考えられる。物語を読んだことで生じる自己観の変容は自己変容感情とも呼ばれるように，文学的体験の中核と考えられるが（Kuiken, Miall et al., 2004; Miall, 2011），今回の二つの調査結果からは，少なくとも読みにともなって体験する自己洞察には，物語への没入が関与していることは指摘できそうである。

また，文学的体験のうち作者への関心尺度は，今回の調査では詩歌を読む頻度と関連を示していた。この尺度は，読みながら作者のスタイルやその意図，文体などを推測する傾向を示すものであるが，こうした読み方は，複雑な文体表現が含まれる詩歌において特に重要なものと考えられる。女子大学生を対象とした調査では，作者への関心は文学作品を読む頻度とのみ関連し，詩歌との関連はみられなかった。もしかすると，年齢や性別などによって，作品への捉え方と読む本のジャンル選びの関連は異なっているのかもしれない。この点についてはこれ以上のことはいえないが，今後の研究に大いに期待したいところである。

文学的体験と読書活動の性差　では，こうした体験や読書活動の性差についてはどうだろうか。各尺度の得点の比較では，いくつかの得点に男女間で差がみられた。とりわけ，LRQ の得点では多くの尺度に性差がみられ，その全てにおいて女性のほうが男性よりも得点が高いという結果になった。このことは，女性は男性よりも文学的体験を多く経験している可能性を示すと考えられる。Miall and Kuiken（1995）は，LRQ の得点では性差はほとんどないことを報告しているが，読書中に体験する感情や，感情を多く体験しながら物語を読もうとする傾向には

男女差があるとする研究も多い（Odağ, 2013; van der Bolt & Tellegen, 1996）。今回の調査結果は，男性より女性の方が情動的な読み方をしているといういくつかの指摘（Clark & Rumbold, 2006; Marinak & Gambell, 2010; Oately, 1999b）を支持するものといえる。では，なぜ男女で読書中の体験が異なるのだろうか。現時点でその問いに答えることは難しいが，この差異は，男性はシステマティックに情報を理解するのに対して，女性は共感的に理解しようとする傾向があるという仮説（Baron-Cohen, 2002; Baron-Cohen, 2003 三宅訳 2005）によって説明できるのかもしれない。

批判的思考態度と没入体験　今回の調査では，批判的思考態度尺度とLRQとの関連も検討したが，批判的思考態度尺度の多くの下位尺度はLRQと正の相関を示した。これはGreen and Brock（2000）の指摘とは矛盾する結果であり，本節の冒頭で示した予想とは正反対の結果である。ただし，没入体験だけでなく文学的体験全体として考えた場合，次のようにも考えられる。すなわち，もし文学的体験が，Miall（1989）のいうように没入（特にその中でも共感）という情動的要素によってもたらされる認知的なプロセスであるとするならば，批判的思考態度は，文学的体験の中でも，没入することによってもたらされる自己洞察的な思考と関連するということなのではないか。本節の冒頭でも述べたように，没入体験と批判的思考は，一見相反するプロセスのようにみえるが，人間は状況によって批判的思考を用いるかどうかを判断していることが指摘されている（田中・楠見, 2007）。もしかしたら，物語に没入するだけのときには批判的思考はオフになるが，読みながら深い洞察を行うときにはそれがオンになるといったメタ認知が働いているのかもしれない。

第5章

没入体験の「状態」を測る

5-1　没入の状態を測定する「移入尺度」

5-1-1　没入体験のもう一つの側面

　ここまでは，没入体験の特性をどのように測定するのかという問題を第3章で，そして，物語を読むという行為や文学的体験と没入体験との関係を第4章で，それぞれ取り上げ，筆者の研究を中心に考察してきた。ここで，もう一度第2章の内容に立ち返ってみよう。私たちが物語への没入を体験するときには，当たり前のことであるが，「物語」が必要である。自身がお気に入りの物語を読んでいるときのことを思い描いてほしい。おそらく，我を忘れて熱中して読みふけった，という人も多いことだろう。では，もしあまり面白くない本を読んだときはどうだろうか。また，本を読みたいのに疲れていたり眠かったりしたときはどうだろうか。あまり本に集中できず，内容のイメージや感情移入ができなかったという体験をしたこともあるのではないだろうか。このように，たとえ没入体験をしやすい特性を持っている人でも，状況によっては没入を体験しないということもある。第2章で紹介したとおり，こうした側面は心理学では「状態」と呼ばれる。つまり，没入体験に特性の個人差があるのと同じように，状態にも個人差があるのだ。それでは，物語の没入体験の「状態」について，私たちはどのように捉えたらよいのだろうか。

5-1-2　没入体験の「状態」を捉える

　第2章では，物語への没入についてさまざまな領域で行われてきた研究を紹介したが，その中には，没入体験を測定する尺度を開発する試みもなされてきた。そうした研究は，没入体験を構成する六つの下位要素のどの側面を測定するかという点で実に多様なものであるが，それと同時に，それぞれの尺度は没入の特性を

測定するのか，それとも状態を測定するかという点でも相違がある。少しページをさかのぼって，第2章の表2-1で挙げた八つの研究を改めてみてほしい。このうち，物語を対象として没入を量的に測定しているのは Green and Brock (2000) の移入尺度，Cohen (2001) の同一化尺度，Miall and Kuiken (1995) の LRQ，そして Busselle and Bilandzic (2009) の物語関与尺度の四つである。また，これ以外にも，物語に感ずる現実感やその出来事をどれだけ信じるかを測定する物語信憑性尺度（Narrative Believability Scale: Yale, 2013）という尺度などがある。この中で，特性としての没入，すなわち読者が普段没入する傾向を測定しているのは LRQ のみであり，それ以外はすべて，個別の物語を読んだときの没入「状態」を測定している。第3章で紹介した二つの調査によって，特性としての没入を測定できる LRQ はわが国でも使用できるようになった。それでは，没入の「状態」はどうだろうか。実は，これらの中で日本語版が翻訳され，わが国で用いることのできる尺度は残念ながら存在しない。没入体験の特性だけでなく，状態についても測定できるようにすることは，今後，読書に関する研究を行うときに大いに役立つだろう。

それでは，没入状態を測定する際に，現時点でどの尺度が一番ふさわしいだろうか。先ほど紹介した，同一化尺度，物語信憑性尺度，移入尺度，物語関与尺度の四つの尺度の中では，後者二つは物語への没入状態を包括的に捉える尺度であるといえるが，現在のところ，物語に関連する研究で最も広く使われているのは，Green and Brock (2000) の移入尺度である。そこで，この移入尺度がどのようなものであるのか，詳しくみてみよう。

5-1-3　物語への移入―イメージモデル

第2章でも紹介したが，移入尺度は，「物語への移入（transportation into narratives）」を測定するために開発された尺度である。移入（transportation）とは何かを改めて説明すると，以下のようになる。物語を読むとき読者は，その作品に注意を集中させる一方，自分の周囲に対する注意や時間の感覚などが一時的に減少する。それにともなって，物語内容に関するイメージが強く喚起され，その世界に入り込んでいるような体験をする（Green, 2004）。この状態が移入であり，

第2章で述べた物語への没入体験の中でも，特に「物語のイメージ」と「注意の集中」「外部に対する意識の現象または一時的消失」を中心とした概念であるといえるだろう。移入は物語が読者に態度や信念の変化をもたらすメカニズムとされており，そのメカニズムは「移入—イメージモデル（transportation-imagery model of narrative persuasion）」として定式化されている（Green & Brock, 2000, 2002）。

　移入—イメージモデルは，物語を読むことで読者の態度が変化するという効果がどのように生じるのかを説明した理論である。それによれば，物語世界に全ての注意を向ける移入という状態になると，現実世界への注意や物語内容に関する批判的思考が抑制され，代わりに物語を鮮明にイメージするようになることで，物語内容から読者が影響を強く受けるようになる。これによって，読者の態度が変化するという（Green, 2004; Green & Dill, 2012）。このモデルは，Green 自身が行った実験によって態度変化の効果が確認されており，それ以降も，数多くの実証的研究が行われている（van Laer et al., 2014）。

5-1-4　移入尺度と移入尺度短縮版

　それでは，Green and Brock（2000）が作成した移入尺度とはどのようなものであるかをみてみよう。この尺度は項目の構成が少し変わっており，物語内容に依存しない一般項目11項目と，物語内容に応じて変更が可能な物語依拠項目4項目とで構成されている。一般項目は，読者がどのような本を読んだときにも用いることができる共通の項目であり，物語依拠項目は，物語に登場する人物や事物を当てはめることができる項目である。移入尺度は没入の「状態」を測るものであるため，これに回答する際には必ず何かしらの物語を読むことが求められる。回答者は，あらかじめ物語を読んだ状況で，尺度に回答することになる。このときに調査の実施者は，物語依拠項目を読者が読んだ物語に合わせて変更して，回答者に渡すことになる。

　移入尺度の尺度構造についてはどうだろうか。Green and Brock（2000）は1因子構造であるとしているが，さらに細かな因子として「認知」，「情動」，「想像」の三つの因子が存在するとしている。ただし，これ以降の多くの研究では，

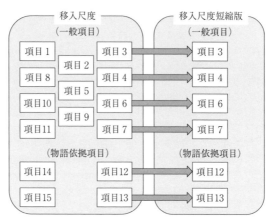

図5-1. 移入尺度と移入尺度短縮版の関係

移入尺度は15項目全体で移入を測定する1因子の尺度として用いられている（Appel & Richter, 2010; Green et al., 2004; Mazzocco et al., 2010）。一方，移入尺度の妥当性としては，没入性尺度（Tellegen & Atkinson, 1974）との関連が検討されている。これは，Miall and Kuiken（1995）がLRQを開発したときにも用いている尺度であるが，Greenらは，移入尺度も没入性尺度と弱い正の相関があることを報告している。

しかしながら，移入尺度にはもう一つのバージョンがある。Appel, Gnambs, Richter, and Green（2015）が，より項目数の少ない尺度を作成しているのである。この尺度は移入尺度短縮版（Transportation Scale Short Form: TS-SF）と呼ばれており，Green and Brock（2000）のオリジナルの移入尺度（TS-SFと区別するために，こちらをNarrative Transportation ScaleからNTSと呼ぶ）から，先ほど述べた三つの細かな因子に基づいて抽出した計6項目で構成されている。NTSとTS-SFの関係を図で表すと，図5-1のようになる。

この章の以下の部分では，物語読解時の没入状態を測定する尺度として，移入尺度の日本語版を作成した研究を紹介する。その際，理由は後述するが，オリジナルであるNTSとTS-SFの両方の日本語版を作成することとした。調査は，ウェブを通して行った調査（第2節で紹介）と，紙とペンを用いたアンケート形

式での調査（第3節）の二つに分けて行った。

5-2 移入尺度日本語版の作成とウェブ調査による検討（研究5）

5-2-1 調査の目的

まず紹介する研究は，ウェブ調査によって予備的に行った調査である。この調査の目的は，Green and Brock（2000）の移入尺度の日本語版を作成し，信頼性と妥当性を検討することである。移入尺度はわが国でも検討が試みられており，小森（2012）は，物語へ移入することによる読者の態度変化を検討するため，Green and Brock（2000）を参考に9項目の移入チェック尺度を作成している。そこで今回の調査では，小森の研究を参考にしながら，信頼性と妥当性のある移入尺度の日本語版を作成することを試みた。

5-2-2 調査の概要

移入尺度の翻訳　まず，Green and Brock（2000）が作成したNTSの全項目を日本語に翻訳した。翻訳は，尺度の原著者であるGreen, M. C. の許諾を得た上で，小森（2012）による日本語版の移入チェックリストを参照しながら行い，仮の項目を作成した。次に，この翻訳した仮項目を英文校閲会社にもう一度英語に翻訳してもらい（これをバックトランスレーション，あるいは逆翻訳という），尺度の内容が原版と等質であるかどうかを検討した。その上で，筆者と共同研究者との合議によって，原版と等質な項目となるように訳文を再検討し，修正を行った。こうして作成された日本語版の移入尺度を，日本語版移入尺度（NTS-J）とした。NTS-Jは，原版と同じ15項目で構成されており，「1：全くあてはまらない」から「7：非常にあてはまる」の7件法で回答する（項目については表5-1を参照）。内容によって項目内容の変更を行う4項目については，物語内の出来事において重要な人物または事物を，それぞれの物語中から抽出して項目に挿入できるようにした。

使用する物語課題　NTS-Jは，読者が実際に物語を読んだときの没入体験を測

定する尺度である。そのため，調査の際には，回答者にあらかじめ物語を読んでもらう必要がある。そこで今回の調査では，移入状態を喚起するための物語課題を用意した。課題として選定したのは，小川未明の作品である「千代紙の春」と「金の輪」の2編であった（小川，1951）。小川未明の作品を選んだのは次のような理由による。一つは，これらの作品が，出来事とその因果関係が明確に描写されていることである。第2の理由は，小川未明の作品は文学的価値が定まっていることである。そして第3の理由は，どのような読者にも分かりやすい児童文学作品であるという点である。

　ではここで，「千代紙の春」のあらすじを説明しよう。主人公であるおばあさんは，病気がちな孫娘の美代子のためのお土産を買おうと魚屋を訪ねるが，買おうとした魚が逃げてしまったことで店主のおじいさんといさかいとなる。易者のとりなしで代金を支払ったおばあさんは，恐縮した魚屋からもらった千代紙を家に持って帰る。美代子は喜び，もうすぐ来る春に花が咲くようにと，千代紙をちぎって庭に撒いたのだった。春になり，庭先に本物の花が咲くころ，美代子は回復しすっかり元気になった，という物語である。

　一方の「金の輪」のあらすじは以下のようなものである。主人公の太郎は子どもであるが，長いこと病に臥せっていたが回復し，久しぶりに外出を許される。家近くの畑の道で遊んでいると，きれいな金の輪を腕に通した少年が走ってきて，太郎に笑いかけながら通り過ぎていくのだった。不思議に思った太郎は，その少年と何とかして友だちになりたいと願うものの，翌日に再び病に臥せり，そのまま亡くなってしまった，という物語である。

　今回の調査では，この二つの物語のどちらかを回答者に読んでもらうこととした。なお，いずれの物語もおよそ1,800字の長さであった。

調査の方法　それでは，調査の概要を説明しよう。今回の調査に参加したのは，オンライン調査会社のモニターとして登録している18歳から75歳までの全国の男女460名ずつ，計920名であった。参加者はインターネットを通して質問フォームのページにアクセスし，回答を行った。質問フォームでは，年齢や性別などの項目を聞いた後に，上記の物語のうちどちらかを表示させ，一定時間の間に参加者

に読んでもらった。このとき，どちらの物語を読むかは無作為に定められており，それぞれの物語を読んだ参加者が同数になるようにした。そしてその後に，以下のような尺度に回答してもらった。

調査に用いた尺度　今回の調査では，移入尺度のほかにもう一つ尺度を用いた。それは，第3章の本調査（研究2）でも用いたイメージへの没頭尺度（Imaginative Involvement Inventory: Davis et al., 1978）の日本語版（笠井・井上，1993；以下，没頭尺度とする）である。第3章で述べたとおり，これは，読書や音楽，イメージなどさまざまな刺激に没入する傾向を測定する18項目の尺度で，7件法で回答する。Green and Brock（2000）は移入尺度と没入性尺度（Tellegen & Atkinson, 1974）との関連を報告しているが，この没入性はイメージへの没頭と極めて類似した概念であると指摘されており（大宮司他，2000），第3章で述べた通り，物語への没入を測定する他の尺度とも関連がみられることから，移入尺度の妥当性を検討するために調査項目に加えたものである。今回の調査でも，NTS-J は III と正の相関を示すと予測される。

5-2-3　移入尺度の確証的因子分析

確証的因子分析という方法　では，分析の結果がどのようなものであったのかみてみたい。まず，回答に欠損のあった参加者のデータを除き，残った856名（千代紙の春群423名，金の輪群433名）のデータを分析の対象とした。今回の分析では，確証的因子分析という方法を用いて，移入尺度の因子構造を検討した。分析結果に触れる前に，この分析について簡単に説明しておこう。

　確証的因子分析とは，すでにある因子構造が定まっている尺度の調査をしたときに，同じ因子構造を持っているかどうかを分析するための方法である。図5-2のように，すでに因子の構造が決まっている場合には，ある項目は本来所属する因子からの影響だけを受けており，他の因子からの影響を受けていないと仮定することができる。このようなモデルを立てて，構造方程式モデリングと同じ方法で分析を行うと，第4章で触れたような，モデルの適合度が算出される。これが充分な値であるかをみることによって，因子構造が再現されるかどうかを確認

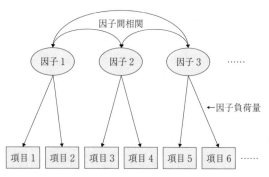

- 因子数と個々の因子の項目数はあらかじめ決めて分析。
- 因子モデルが妥当かどうかは適合度で判断。

図5-2．確証的因子分析のモデル

する。今回はこの方法を使って，NTS-J の因子構造が Green and Brock（2000）が報告したのと同じ構造となるかどうかを検討した。

NTS-J の因子分析　NTS-J の因子構造を検討するため，「千代紙の春」群および「金の輪」群それぞれの回答データについて確証的因子分析を行った。あらかじめ決めておく因子構造のモデルは，Green and Brock（2000）が移入尺度を1因子尺度として用いていることに基づき，1因子尺度を想定したモデルを構築した。分析の結果は表5-1の左側に表しているが，これをみると，「千代紙の春」群では項目2，5，9を除く12項目で因子負荷量が0.4を超える結果となった。一方「金の輪」群では，上記のうち項目12から15の項目の係数が0.25未満とやや低い値となった。さらに，15項目を用いたときの適合度指標は，いずれの物語群でも良好とはいえない値となった。

5-2-4　移入尺度の短縮版を作成する

短縮版尺度の作成　以上の結果からは，15項目版の NTS-J の因子構造は，原版の構造と同じであると判断することは難しい。妥当性の高い尺度を構成するためには，尺度の構成を見直す必要がある。そこで，Appel et al.（2015）と同じ手続きで，移入尺度の日本語短縮版（NTS-SF）を作成することとした。すなわち，

表5-1. 日本語版移入尺度（NTS-JおよびNTS-SF）の因子負荷量

	項目	NTS-J 千代紙の春	NTS-J 金の輪	NTS-SF 千代紙の春	NTS-SF 金の輪
1	物語を読んでいるとき，物語の中で起こった出来事を簡単に思い描くことができた。	.51	.08		
(2*)	物語を読んでいるあいだ，この部屋で起きていることが気になった。	.19	.36		
3	物語で描かれている場面に自分がいるように感じた。	.69	.65	.64	.71
4	物語を読んでいるあいだ，物語に入り込んでいるように感じた。	.75	.57	.81	.81
(5*)	物語を読み終わったあと，すぐに頭を切り替えることができた。	.02	−.31		
6	読んでいるとき，この物語の結末を知りたいと思った。	.60	.41	.61	.56
7	この物語は自分の感情に影響を与えた。	.02	.78	.77	.66
8	どうなればこの物語が違う結末になったかを考えた。	.40	.55		
9*	物語を読んでいる間，気持ちがあちこちにそれた。	−.10	.12		
10	物語の中で起きた出来事は，自分の日常生活にも関連することだと思う。	.68	.69		
11	物語の中の出来事に触れて自分の人生が変わったと思う。	.65	.76		
12	「おじいさん」の様子をはっきりとイメージすることができた。	.63	—	.62	—
13	「おばあさん」の様子をはっきりとイメージすることができた。	.61		.61	
14	「千代紙」の色や形をはっきりとイメージすることができた。	.56			
15	「美代子さん」の様子をはっきりとイメージすることができた。	.62	—		
12	「太郎」の様子をはっきりとイメージすることができた。	—	.20	—	.45
13	「少年」の様子をはっきりとイメージすることができた。		.24		.46
14	「金の輪」の色や形をはっきりとイメージすることができた。		.19		
15	「畑」の様子をはっきりとイメージすることができた。	—	.22	—	

注1：千代紙の春群：$n = 423$，金の輪群：$n = 433$。項目番号の*は逆転項目を，（　）のついた項目は削除された項目を示す。項目12から15は「　」内に物語内容に応じて語句を挿入。
注2：NTS-J = Narrative Transportation Scale for Japanese，NTS-SF = Narrative Transportation Scale Short Form for Japanese。
注3：NTS-Jの因子分析モデルの適合度は次のとおり。千代紙の春群：GFI = .824, CFI = .845, RMSEA = .119，金の輪群：GFI = .802, CFI = .768, RMSEA = .133。
注4：NTS-SFの因子分析モデルの適合度は次のとおり。千代紙の春群：GFI = .970, CFI = .978, RMSEA = .100，金の輪群：GFI = .981, CFI = .980, RMSEA = .080。

Appelと同じく一般項目として項目3,4,6,7を,物語依拠項目として主な登場人物に関するイメージを問うている項目12,13を,それぞれ抽出した。この6項目を,日本語版移入尺度短縮版 (NTS-SF) とし,改めて1因子のモデルを構築して確証的因子分析を行ったところ,二つの物語群のどちらにおいても因子負荷量は0.4以上となった。また,15項目版の結果と比べて適合度はやや改善する結果になった。NTS-SFの因子分析の結果を表5-1の右側に示している。

NTS-JとNTS-SFの項目分析と信頼性 因子構造の検討と並行して,NTS-JとNTS-SFそれぞれについて項目の検討を行った。まず,第3章と同じようにI-T相関分析を行ったところ,NTS-Jの項目2,項目5の二つの逆転項目において,全体得点との相関係数が0.2を下回った。つまり,これらの項目は移入尺度全体の得点傾向に関与しない可能性がある。そこで,因子分析の結果も考慮し,この2項目を除外した13項目版を,以降のNTS-Jの分析対象とした。一方,NTS-SFでは,全ての項目との間で相関係数は0.4を超える値となった。次に,NTS-JとNTS-SFの信頼性を検討するため,Cronbachのα係数を算出したところ,どちらの物語群でも充分な内的整合性があると判断された。両項目版の尺度得点と得点の標準偏差 (SD),信頼性係数を表5-2に示す。物語群ごとの尺度得点をみてみると,NTS-JとNTS-SFどちらの得点も,千代紙の春群の方が金の輪

表5-2. 日本語版移入尺度 (NTS-JおよびNTS-SF) の尺度得点,信頼性係数および各変数との関連

		平均	SD	Cronbach α	没頭尺度	年齢	教育歴
NTS-J	千代紙の春	4.06	.88	.88	.52***	.10	-.06
	金の輪	3.91	.74	.81	.50***	.18***	-.11*
NTS-SF	千代紙の春	4.19	1.05	.85	.51***	.07	-.05
	金の輪	3.99	.98	.80	.46***	.17***	-.10

注1:千代紙の春群:$n = 423$,金の輪群:$n = 433$。*:$p < .05$,**:$p < .01$,***:$p < .001$。
注2:NTS-J = Narrative Transportation Scale for Japanese, NTS-SF = Narrative Transportation Scale Short Form for Japanese。
注3:没頭尺度および年齢との相関はPearsonの積率相関係数,教育歴との相関はSpearmanの順位相関係数。

群よりも高かった。ただし，効果量は小さかったためにその得点差は大きくないといえる（NTS-J: $t(854) = 2.70, p = .007$, Hedges $g = .184$, NTS-SF: $t(854) = 2.88, p = .002$, Hedges $g = .197$）。さらに，NTS-SF が NTS-J と同じ概念を測定できているかを検討するため，両尺度との相関係数を算出したところ，「千代紙の春」群で $r = .96$ ($p < .001$)，「金の輪」群で $r = .94$ ($p < .001$) という，極めて高い値となった。

移入尺度と III の相関 移入尺度の妥当性を検討するため，それぞれの項目版について没頭尺度との相関係数を算出した。その結果，どちらの物語群においても高い正の相関（$rs = .46 \sim .52$）がみられた。一方，移入得点とデモグラフィック変数との関連を探索的に検討したところ，年齢では $rs = .17 \sim .18$，教育歴では $rs = -.06 \sim -.11$ と，どちらも低い値であった。これらの相関係数は表5-2の右列に示している。

5-2-5 日本語版移入尺度の性質

今回の調査は，移入尺度の日本語版を作成することが主な目的であったが，その結果を総合すると，15項目版の移入尺度は，信頼性は高いものの因子構造などが不安定で，妥当性に疑問が残る。一方，その短縮版である NTS-SF は，因子構造は原版と同じであることが確かめられ，NTS-J よりも妥当性の高い尺度といえるかもしれない。以下，結果を細かく考察してみよう。

移入尺度は1因子構造か Green and Brock (2000) などの研究をみてみると，移入尺度は1因子構造の尺度であるといえる。しかし，日本語に翻訳した今回の結果では，1因子の尺度として用いられる可能性は考えられるものの，NTS-J の確証的因子分析の結果からは1因子モデルを強く支持するとはいえない。これについて考察するために，各項目を詳しくみてみよう。改めて表5-1をみてほしい。移入尺度には，項目1のように物語に入り込むという内容の項目がある一方，項目7や11のように感情や人生観への影響という，没入とは異なる概念の項目も含まれている。このように，移入は物語への没入を中心としてはいるが，そ

れとは異なる「物語からの影響」と捉えられる内容をも含む概念であると考えるべきかもしれない。これらは，第4章で考察した「文学的体験」にも似ているものである。一方で，NTS-SFの因子分析結果は適合度がやや改善し，NTS-Jよりも良好な結果となった。短縮版の項目をみてみると，「物語からの影響」を示す項目も一つ含まれているものの，多くの項目は没入を問う項目で構成されていることが特徴的である。Appel et al. (2015) は15項目版のNTSについて，1因子に近い構造を示唆する結果は得られたものの，いくつかの項目がその因子に対して充分な負荷量を示さなかったことを報告している。そのため，中核となる概念を損なうことなく短縮版を作成しうるとしてNTS-SFを開発した。その結果，いずれの項目も第1因子に対して高い負荷量を示し，より頑健な1因子尺度を開発できたとしている。今回の調査の結果は，このAppelらの結果と矛盾しないものであり，NTS-Jより短縮版であるNTS-SFの方が，移入をより的確に測定しうる可能性が考えられる。また，NTS-SFとNTS-Jとの相関は極めて高いことが示され，両尺度はほぼ等質な内容を測定していると考えることができるだろう。

移入尺度の信頼性と妥当性　移入尺度のα係数をみると，これまでの報告（Appel et al., 2015; Green & Brock, 2000; 小森, 2012）と比べてやや高い値を示しており，尺度の信頼性については頑健な尺度であることが考えられる。また，相関分析の結果，どちらの物語群においても移入尺度は没頭尺度と比較的高い正の相関（$rs = .46 \sim .52$）を示した。これは，移入尺度と没入性尺度との関連を報告したGreenの報告と同じような結果であるといえる。一方，年齢と最終学歴との相関は極めて弱いものとなり，移入の程度は加齢や教育歴によって変化することは少ないという可能性が示された。これまで，移入と教育歴との関連や，移入が加齢の影響を受けるかどうかについてはほとんど検討されていないが，この結果は，物語に対する反応が広い年齢層や教育背景を持つ人々に共通してみられるものであることを示すものといえる。

　以上のように，今回の調査を通して開発した二つの移入尺度は，充分な信頼性を示すことができた。妥当性については，相関分析の結果からは妥当性の高さを

予測させる結果が得られたものの，確証的因子分析では，NTS-J と NTS-SF とでは1因子モデルの適合度が異なるという結果となった。二つの尺度の相関は極めて高いことから，両尺度ともに1因子によって移入状態を測定すると考えることはできるものの，妥当性はさらに検討する必要がある。そこで次節では，二つの移入尺度の妥当性を検討するために行った追加調査を紹介する。

5-3　日本語版尺度の妥当性を検討するための紙とペンを用いた調査（研究6）

5-3-1　移入尺度の妥当性を検討する

この調査の目的は次の二つである。一つは，移入尺度の妥当性をより詳細に検討することである。移入尺度は物語への移入の状態を測定できる尺度として，日本語版を作成したものである。そのため，第3章で開発したLRQ-Jとの関連を検討すれば，移入尺度が妥当性を持つかどうかの更なるデータを得ることができる。

LRQ-Jを構成する尺度のうち，「共感・イメージ」と「読書への没頭」は，第2章でも触れたとおり物語への没入を測定する下位尺度であるといえる。LRQにはこれ以外に，「作者への関心」や「現実の理解」などの下位尺度があるが，これらが測定する体験は，文学作品に対する審美体験である文学的体験の重要な構成要素であり，物語世界に入り込み登場人物への同一化を体験することでもたらされるとされている（Kuiken, Miall, et al., 2004; Kuiken, Phillips, et al., 2004）。前節での調査でも触れたように，移入尺度には物語からの影響を問う項目が含まれているが，物語を読むことで自身の価値観や態度が影響されるという体験は，物語を読んだことによる洞察や自己観の変化と近い概念であることが予想される。さらに，こうした文学的体験の生起メカニズムを説明する上で，移入体験は最も重要な概念の一つであると指摘されていることから（Miall, 2011），LRQは移入尺度と正の関連を持つことが予測される。

5-3-2　紙とペンによる調査の必要性

　第二の目的は，調査手法によって読者の回答傾向が影響されないかという点を調べることである。前節の調査ではウェブ経由による調査を行ったが，物語を読むという課題の性質上，紙媒体による調査との回答傾向の違いがないかどうか確認することが必要となる。短縮版移入尺度を作成した Appel et al. (2015) は，ウェブ調査と紙およびペンによる調査を比較し，両者の得点傾向に差異がないことを報告している。そこで，今回の調査では，紙とペンでの回答による調査を実施して，前節の調査結果との比較を行った。なお，移入を喚起する物語については，前節の調査で用いた二つの物語間で移入得点に大きな差異が認められなかったことから，今回の調査ではこのうちの一つのみを用いることとした。

5-3-3　調査の概要

　それでは，調査の概要を紹介しよう。調査に参加したのは，関西地方の大学生および大学院生275名（女性166名，男性109名，平均年齢20.7歳，$SD = 4.11$，年齢未記入2名を含む）であった。参加者は物語課題と測定尺度が印刷されたアンケート用紙を渡され，物語課題を読んだ後，前節で作成した日本語版移入尺度15項目と，第3章で開発したLRQ-Jに回答した。物語課題は，前節の調査で用いた2編の物語のうち，「千代紙の春」を用いた。

5-3-4　結果の分析

　調査結果の分析は，次の二つについて行った。まず，移入尺度得点の分析と前節の調査結果との比較，次いで移入尺度とLRQ-Jとの関連の検討である。順に結果がどのようになったかを見てみよう。その際，回答に欠損のあったデータなどを除き，残った255名のデータを分析の対象とした。

移入尺度の得点傾向とウェブ調査結果との比較　まず，NTS-J，NTS-SF，およびLRQの各下位尺度について得点を算出した。その結果を表5-3に示す。NTS-JとNTS-SFの二つの移入尺度について信頼性の検討を行ったところ，NTS-Jでは$a = .76$，NTS-SFでは$a = .71$となり，二つの尺度が充分な信頼性

表 5-3. 日本語版移入尺度との得点平均と相関行列

	平均	SD	1	2	3	4	5	6
移入尺度								
1 NTS-J	4.20	.77	—					
2 NTS-FS	4.50	.98	.89***	—				
LRQ-J								
3 共感・イメージ	3.04	.84	.56***	.48***	—			
4 読書への没頭	3.11	.86	.45***	.37***	.59***	—		
5 作者への関心	2.72	.81	.29***	.23***	.41***	.33***	—	
6 現実の理解	3.45	.83	.40***	.35***	.49***	.46***	.54***	—
7 ストーリー志向	3.78	.56	.34***	.34***	.39***	.40***	.19**	.34***

注1：$N=255$。** : $p<.01$, *** : $p<.001$

注2：NTS-J = Narrative Transportation Scale for Japanese，NTS-SF = Narrative Transportation Scale Short Form for Japanese，LRQ-J = Literary Response Questionnaire for Japanese。

を有することが示された。次に，ウェブ調査での移入尺度得点との差異を検討したところ，NTS-J と NTS-SF のどちらの尺度でも，ウェブ調査の結果よりも今回の調査結果の方が有意に得点は高かったが，その効果量は比較的小さなものであり，得点差はあまりない結果となった（NTS-J: $t(676)=2.29, p=.022$, Hedges $g=.181$, NTS-SF: $t(676)=3.81, p<.001$, Hedges $g=.301$）。

移入と文学的体験の関連性　次に，移入と文学的体験の関連をみてみよう。各尺度得点を元に，NTS-J，NTS-SF と LRQ-J 各下位尺度との相関係数を算出した。この結果も表 5-3 に示してある。これをみると，まず NTS-J 得点と NTS-SF 得点は極めて高い正の相関を示した。また，この二つの移入尺度の得点は，LRQ-J の全ての下位尺度得点と有意な正の相関を示した。特に，LRQ-J の「共感・イメージ」得点との相関係数は，NTS-J で 0.56，NTS-SF で 0.48 となり，比較的高い関連を示した。

5-3-5　移入尺度の妥当性

今回の調査では，NTS-J，NTS-SF の二つの移入尺度について調査形式の違いによる得点への影響を検討した。また，LRQ-J との関連をみることで妥当性

の追加的な検討を行った。その結果をどう解釈できるだろうか。

調査形式の影響は少ない　ウェブ調査を用いた前節の調査と今回の調査の比較では，紙と筆記具を用いた本調査の方が得点が高い傾向がみられた。しかし，その差異は非常に小さいものとなった。参加者の年代や属性が，今回の調査と前節の調査では異なるという点や信頼性係数も $\alpha = 0.7$ 以上と満足すべき値を示したことなどを考え合わせれば，調査形式の違いは移入尺度の頑健性を脅かすものではないと考えられるだろう。この結果は，NTS-SF についてウェブ調査と紙による調査の比較を行った Appel et al. (2015) の結果とも一致する。

移入尺度の得点は LRQ の得点と関連がある　次に，移入尺度と LRQ との相関を検討した結果をみてみよう。今回の結果からは，移入体験は物語読解時に没入を体験する傾向と強く関連することが示された。このことは，NTS-J および NTS-SF が高い妥当性を持つことを示すものであるといえる。とりわけ，LRQ の共感・イメージ尺度と読書への没頭尺度との関連は，移入が「物語への没入」と極めて類似した概念であるということを示している。移入尺度の項目には共感を示す項目は含まれていないが，移入と同一化とが類似するという指摘は複数の実証的研究でも報告されており（Murphy et al., 2013; Tal-Or & Cohen, 2010），本研究の結果はこうした成果とも矛盾しないものと考えられる。以上の点から，移入尺度は物語への没入の「状態」，少なくともその一部を，測定する尺度であると考えることができるだろう。

文学的体験と移入の関係　今回の結果からは，物語読解に伴う洞察傾向が移入体験と関連する可能性も明らかになった。相関分析の結果，移入得点は LRQ-J の「共感・イメージ」など物語に没入する体験だけでなく，その結果として生じる自己洞察や自己観の変化とも関連していることが示された。これは，登場人物への同一化をはじめとした物語への没入が，文学的体験にとって重要な要素であるという指摘（Miall, 2011; Oatley, 1999b）とも整合的なものである。その意味で，今回の調査結果は第 4 章で検討した文学的体験の仮説モデルである「自己変容感

情仮説」(Kuiken, Miall, et al., 2004; Miall & Kuiken, 2002) を，間接的にではあるが支持するデータであるともいえる。そしてこの結果は，移入が自己観の変化といった文学的体験と関連するということも示している。Miall (2011) は，文学的体験を解明する上で移入概念の重要性を指摘している。今後，この移入尺度を用いることによって，文学的体験を実証的に解明する大きな手がかりを提供することが期待できる。

5-3-6 どちらの移入尺度を用いればよいのか

第5章では二つの調査を通して，移入尺度の日本語版を開発することを試みたが，その過程で，NTS-J と NTS-SF という二つの日本語版尺度を開発することとなった。それでは，これらのうちのどちらの尺度を用いるのが適切なのだろうか。信頼性と妥当性の観点から，改めて考えてみよう。

まず，両尺度の信頼性については，二つの調査結果が示すとおり極めて頑健であると考えられる。では妥当性についてはどうであろうか。関連する尺度との相関分析の結果からは，ウェブ調査における没頭尺度との関連，そして紙とペンを用いた調査における LRQ との関連を考えれば，どちらの尺度の妥当性もある程度は確認されたものといえるだろう。

一方で，因子分析の結果からは，NTS-J の因子構造に対する課題が残る。Green and Brock (2000) は，移入尺度を1因子構造として捉えているが，三つの異なる内容を反映する第2階層の因子が含まれると論じている。また，Appel et al. (2015) はこの第2階層を含めた因子モデルに基づいて短縮版項目の選定を行うなど，移入を1因子構造ととるか，それとも多因子構造ととるかには充分な合意がなされていない。これに対して，本章で最初に紹介したウェブ調査における NTS-J の確証的因子分析では，Appel et al. (2015) が第2階層の3因子よりも第1階層の1因子の方がより重要であると指摘していることに倣って，1因子モデルによる分析を行った。しかし，その結果は充分な適合度を示さなかった。このことは，15項目版の NTS-J が安定した1因子性を示さないことを示唆している。一方，NTS-J の短縮版である NTS-SF では，今回の分析では1因子モデルの適合度が NTS-J よりも改善しており，移入を1因子の尺度で測定できると

いう従来の仮説を支持する結果となっている。NTS-JとNTS-SFの得点間の相関は極めて高く，これだけを考慮すれば，この二つの尺度はどちらも同じ概念を測定する尺度であると考えるべきであろう。しかしながら，以上のような結果を総合的に踏まえるならば，移入を1因子の概念として扱う場合には，本研究で作成した二つの尺度のうち，NTS-SFの方がより的確に移入状態を測定できると考える。

第6章

没入体験が物語理解で果たす役割

6-1 物語の読みと没入体験の関係

6-1-1 没入体験と物語理解

　面白い本を読んだとき，物語に熱中し，登場人物になりきり，情景を鮮明に頭に思い浮かべながら読む。それはとても楽しいひと時であろう。では，そうして読んだ物語は，どこまで内容を理解しているだろうか。ただなんとなく読むよりも，没入して読んだほうが，物語を深く理解できるような気がする。それは果たして本当なのだろうか。第3章から第5章までは，物語への没入体験がどのようなものかという問いに，尺度による測定という方法でアプローチした研究を紹介してきた。この章では，没入体験がどのような役割を持っているかという大きな問いの入り口に，少しだけ近づいてみたい。それは，没入体験が物語理解に何らかの役割を持っているのか，という問いである。

6-1-2 物語理解過程のイメージと没入体験に関連はあるか

　第2章で述べたように，物語への没入体験は物語を読む過程があって初めて生じる。つまり，読解における物語への没入は，「物語理解」という過程を経た上に初めて成立する現象である。それでは，没入体験はそういった単に副次的な体験なのだろうか。それとも，物語理解の過程に何らかの役割を果たしているのだろうか。近年になって，物語を対象とした没入体験に迫る研究が行われるようになってきたが，これまでのところ，物語理解過程と没入との関連を検討した研究はほとんどみられない。しかしながら，両者の関連性については，これまでの認知心理学的研究からある程度推測することができる。

　まず理論的な考察についてみてみよう。第2章でみたように，Zwaan（1999a; 2004）は，読者が読解過程で自身の体験に極めて近いほどに鮮明な表象を構築す

ることがあると指摘している。そうした状態を体験する読者を Zwaan は「没入的体験者（immersed experiencer）」と呼んでいる。一方 Sanford（2008）は，読者が常にこのような詳細な表象を構築しているわけではなく，そのような深い処理には身体化認知のメカニズムが働いていると指摘している。「身体化認知」とは，知覚や運動などの内容を含む文章を理解するときに，実際の知覚運動に関する脳の処理系が関与しているとする理論であり（平，2010），単語や文，文章など広範なレベルでの言語理解と密接に関連している（Fisher & Zwaan, 2008; 常深・楠見，2009）。このことから考えると，物語理解，すなわち状況モデルの構築においては，作品世界に関する知覚的イメージが貢献している可能性がある。作品世界をイメージすることは没入の下位要素でもあり，物語理解と没入が密接に関連する可能性がある。

6-1-3 物語理解過程と共感の関係性

では，没入体験のもう一つの構成要素である共感についてはどうであろうか。物語理解の過程を解明するための実験的な研究では，第2章で述べたように，登場人物への共感は物語の内容理解に貢献することが指摘されている（Komeda & Kusumi, 2006; 米田他，2005）。例えば米田他（2005）は，各文の記述内容について主人公，関係，背景の3種に分類しておいた物語を用意して実験を行った。参加者にその物語を半分まで読ませたあと，物語の各文の重要度の評定と，読解時に生じた予感，共感，違和感の三つの感情評定をしてもらった。その後，今度は最初から最後まで同じ物語を読んで同様の評定をしてもらったところ，主人公について記述した文では，再読時に共感が高まることが示された。また Komeda and Kusumi（2006）は，主人公の感情を操作した物語を用いて，感情の記述が読解にどのように影響するかを検討した。このとき，読解時の教示を操作して共感しながら読むように促すと，物語中の出来事の因果関係の変化を強く検出することが示されている。さらに，物語中の登場人物についての理解は，その人物と読者との類似性が高いほど促進されると指摘されている（Komeda, Kawasaki, Tsunemi, & Kusumi, 2009; 米田・楠見，2007; Komeda, Tsunemi, Inohara, Kusumi, & Rapp, 2013）。こうした研究成果を整理すると，登場人物への共感は物語理解の過

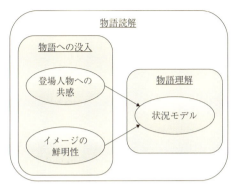

図6-1. 物語理解と没入体験の仮説的関係

程でその人物情報の理解を促す可能性があると推測できる。

以上の結果からは，物語への没入，とりわけ登場人物への共感と鮮明なイメージは，物語理解，すなわち状況モデルの構築を促進するという仮説を導きだすことができる。また，物語に没入しているほど，物語内容に沿った感情を強く体験するようになるという仮説も考えられる。この仮説を表したものが図6-1である。こうした仮説を検討すれば，物語読解の中で中心的な過程である物語理解での没入の役割を明らかにすることができるだろう。

6-1-4　物語理解過程を実験によって明らかにする

実際の研究を紹介する前に，物語理解過程をどのように検討するのか，その手法について説明しよう。通常，物語理解を含め文章理解を対象とする研究では，参加者に物語課題を呈示してそれを読んでもらう。このとき使用する指標には，多くの研究では読解時間（reading time）が用いられている。「読解時間」とは，文章の一定の区切り（文単位，節単位など）を読むのに要した時間のことを指し，文章処理の指標として広く用いられている（e.g., Just & Carpenter, 1992）。状況モデル理論に準拠した研究では，一般に理解にかかる負荷が大きいほど読解時間が長くなり，小さいほど読解時間が短くなるとされており（Zwaan, 1999b; Zwaan, Langston et al., 1995; Zwaan, Magliano et al., 1995），物語理解の促進は読解時間の短縮によって反映されると考えられる。そこで本章で行う実験でも，この読解時間

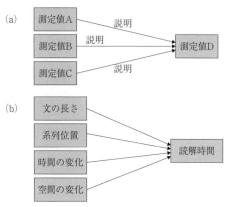

図6-2. 重回帰分析モデル (a) と状況モデルの分析への応用 (b)

を物語理解の指標とする。

今回紹介する実験では，読解時間の分析に重回帰分析という方法を用いる。重回帰分析とは，いくつかの測定値が他の一つの測定値をどれだけ説明するかを推測する統計手法である。図6-2をみてほしい。三つの測定値A，B，Cで，別の測定値Dを説明したいとする。このとき，A，B，Cの三つを「独立変数」，Dを「従属変数」と呼ぶ。重回帰分析は，それぞれの説明変数が従属変数をどれだけ説明するかを推測する分析法であり，個々の変数の説明力βと，説明変数全体で従属変数をどれだけ説明できるかを示すR^2で，従属変数が説明されるかどうかを評価する。この手法はイベントインデックスモデルに基づいて読解過程を検討するために多く用いられている（Komeda & Kusumi, 2006; Zwaan, Magliano et al., 1995）。まず，物語を構成する各文に，文の長さや何文目に当たるかという系列位置などの言語的要因の属性値と，文に記述されている時間，空間，因果関係などの変化の有無という状況モデルの各次元の属性値を与える。そしてそれらを独立変数，読解時間を従属変数として重回帰分析を行うものである。これによって，読解時間に影響する言語的要因や文の記述内容の要因を検討することができる。本章で紹介する実験では，これと同じ手法の分析を用いる。

6-2 没入体験が物語読解過程に及ぼす効果に関する実験（研究7）

6-2-1 実験の目的

本節で紹介する実験では，物語課題を読んでもらったときの読解時間と読後の感情評定のデータを収集し，没入体験特性の個人差がそれらに影響するかを検討した。実験の仮説は以下のとおりである。まず第1の仮説は「没入体験特性の高い参加者は物語理解が促進され，読解時間が短くなる」というものである。次に第2の仮説は「没入体験特性の高い参加者は物語の展開に応じた感情をより多く喚起する」というものである。

6-2-2 実験の概要

それでは，今回の実験の内容を説明しよう。

使用した物語課題と呈示方法　参加者に実験で読んでもらう物語課題は，Komeda and Kusumi（2006）が用いている物語を用いた。このうち，「引越し」と「駆け落ち」の2編について，主人公の感情価が「安心―安心」（安心条件）「不安―不安」（不安条件）の2種，合計4編の物語を用いた。また，実験の操作に慣れてもらうための練習課題に用いる物語は，同じくKomeda and Kusumi（2006）の「試験」のうち「不安―安心」物語を用いた。各物語は24文で構成されている。ここでの実験で用いる物語は，物語の感情価についてカウンターバランスを行った。すなわち，実験の参加者は「引越し」と「駆け落ち」の両方の物語を呈示されるが，そのうちのどちらかは安心条件，もう1編は不安条件となるようにした。これらの物語課題は，コンピュータ画面上に一文ずつ表示された画像で呈示された。物語の呈示は，ノート型のパーソナルコンピュータで行い，実験用ソフトウェアSuperLab Pro ver. 2.0によって呈示の制御と反応の記録を行った。

実験の流れ　実験に参加したのは，大学生および大学院生32名（男性13名，女性19名，平均年齢23.9歳）であった。参加者はコンピュータの前に座り，画面に表

示される物語2編を読んだ。その際の読み方については「普段小説を読むときのように普通に読んでください」と教示した。物語を読む手順は次のようなものである。参加者は画面に1文ずつ表示される文を読み，1文が読み終わったときにキーボードのスペースキーを押して次の文に進めた。この間，参加者の読解時間を1文ごとに記録した。

　このような操作に慣れてもらうため，参加者はまず練習試行を行った。その後の本試行では，まず一つ目の物語を読んでもらい，読み終わったところで物語についてのアンケートに記入してもらった。次いで二つ目の物語を読んでもらい，アンケートに記入を求めた。さらに，LRQ-Jの「共感・イメージ」尺度に回答してもらった。そして，すべての実験手続きが終わったところで内省を記録した。実験の所要時間はおよそ45分であった。

　物語についてのアンケート　物語課題を読んだときの感情を測定するために，以下の二つの尺度を作成した。一つは，読解の評定に関する尺度である。これは，各物語に対する主観的評価と読解中の体験にについて尋ねるものである。質問項目はKomeda and Kusumi (2006) の物語評価尺度などを参考に，以下の7項目を作成した。各項目は (a) この物語のテーマに興味を持った，(b) この物語は読みやすかった，(c) この物語の出来事は自分の体験と似ていると感じた，(d) 物語に入り込むことができた，(e) 主人公の立場に立つように感じた，(f) 冷静な立場から物語を読んでいた，(g) 自分の立場に置き換えて考えながら読んだ，というものである。このうち (a) (b) の2項目は物語課題への評価項目，残りの5項目は物語課題への没入を問う項目を表す。いずれの項目も評定は「1：当てはまらない」から「5：当てはまる」までの5段階とした。

　もう一つの尺度は，感情喚起尺度である。これは，物語の読解中にどのような感情がどのくらい喚起されたかを問う尺度であり，この実験のために作成した。感情項目は宮崎・本山・菱谷 (2003) の感情を表す形容詞の中から，読解によって生じるとみられるもののうち，感情を明確に記述したものを選定した。その際，宮崎他 (2003) による快―不快次元の基準値を元に，肯定語から7語，中性語から6語，否定語から7語をそれぞれ抽出し，それに物語の条件を示す「安心

した」と「不安な」を加えた22語を尺度とした。評定は「強く感じた」から「まったく感じなかった」までの7段階とした。

6-2-3 読解時間と感情価の分析

それでは，結果がどのようになったかをみてみよう。ここでは，没入体験の読解時間に対する効果と読解時に生起した感情への効果についての結果を，順に報告する。

読解時間の分析　まず，分析を行う前の準備として，物語の各文の長さと物語における系列位置を計算した。また，物語の条件について不安条件に0，安心条件に1というダミー変数を付与した。また，各文の状況モデル次元のコード化を行うのであるが，これはKomeda and Kusumi（2006）が行ったものをそのまま用いた。これは，時間，空間，因果関係という三つについて，各文がその前の文と比較して変化していたかどうかを，変化があれば1，無ければ0としてコード化したものである。

次に，読解の評定尺度について，評価と没入それぞれの得点を算出した。また同時に，LRQ-Jの共感・イメージ下位尺度の得点の平均（Mean）と中央値（Median），標準偏差（SD）を算出した。その結果をまとめたものが表6-1である。

そして，各文のコードを独立変数，読解時間を従属変数として重回帰分析を行った。その結果が表6-2であるが，まずはモデル1の列をみてほしい。数値は各指標の影響力の強さを表すものであるが，読解時間に影響を与えていたのは，文の長さと系列位置で，それぞれ，文の長さが長いほど読解時間は短くな

表6-1. 条件ごとの物語評定得点とLRQ-J共感・イメージ得点

		Mean	Median	SD
不安条件	評価	3.84	4.00	.78
	没入	2.90	2.80	.62
安心条件	評価	3.73	4.00	.92
	没入	2.73	2.60	.50
LRQ-J	共感・イメージ	2.93	2.94	.92

表6-2. 読解時間の重回帰分析結果

	モデル1（β）	モデル2（β）
文の長さ	.37***	.37***
系列位置	-.18***	-.18***
物語の条件	-.04+	-.04+
時間の変化	.03	-.03
空間の変化	.00	.00
因果関係の変化	.00	.00
没入得点	—	-.04
没入×時間	—	-.03
没入×空間	—	-.01
没入×因果	—	.03
R^2	.14***	.14***
ΔR^2		.00

注：+：$p < .10$, ***：$p < .001$　$N = 32$

り，系列位置が後ろであるほど読解時間が短くなることが分かった。また，文の条件の効果もみられ，安心条件のほうが不安条件よりも読解時間が短くなる傾向があると推測された。しかし，各文の状況モデル次元は，読解時間への影響はみられなかった。

ここで，独立変数を追加する2段階目の分析を行った。追加したのは，LRQ-Jの「共感・イメージ」得点の結果である。これが今回読解時間の分析で最も注目した分析なのであるが，その結果が表6-2の右列，「モデル2」である。これをみると，いずれの効果も有意とはなっていない。つまり，今回の分析からは共感・イメージ得点が読解時間に影響するという結果は得られなかった。

感情喚起尺度の因子分析　次に分析するのは，読解中の感情に対する没入体験の効果である。分析の前に，感情喚起尺度がどのような構造を持っているか確認するため，不安条件，安心条件のデータを併せて22項目について因子分析を行った。各因子の固有値から3因子を抽出した。その結果を表6-3に示す。第1因子には主に宮崎他（2003）の否定語と「不安な」の10項目がまとまり，「ネガティブ」因子とした。第2因子は同じく肯定語を主とした7項目が集まったことか

表6-3. 感情喚起尺度の因子分析結果（値は因子負荷量）

質問番号・項目		ネガティブ	ポジティブ	モティベーション
3	ゆううつな	.793	-.172	-.023
5	むなしい	.754	-.090	-.169
1	苦しい	.749	-.148	.190
10	悔しい	.749	.208	-.232
6	哀れな	.722	-.062	-.006
7	寂しい	.720	-.171	.310
2	不愉快な	.673	.001	-.360
4	恐ろしい	.651	.017	.072
8	いらいらした	.572	.154	-.566
9	不安な	.549	.015	.332
16	気楽な	-.258	.257	-.051
21	うれしい	-.187	.880	.179
19	こころよい	-.186	.814	.164
15	安心した	-.212	.779	.074
17	ほこらしい	.089	.749	.230
11	羨ましい	.014	.629	.112
12	気安い	-.002	.569	.025
18	恋しい	.081	.533	.360
22	面白い	-.041	.476	.663
14	どきどきした	.028	.387	.595
20	懐かしい	.037	.169	.565
13	照れくさい	.096	.476	.494
	固有値	5.07	4.46	2.40
	寄与率（%）	23.05	20.30	10.91

ら，「ポジティブ」因子とした。第3因子には懐かしい，面白いといった読みそのものへの評価的感情4項目がみられ，読みの動機づけにかかわると判断し「モティベーション」因子とした。なお「気楽な」という項目は，どの因子とも高い負荷量を示さなかったことから今回の分析から除外することとした。これに基づき，各因子の尺度得点を算出した。

では，実際の分析結果をみてみよう。まず，各条件のポジティブ，ネガティブ，モティベーションの得点と共感・イメージ得点との関連を検討するため相関係数を算出した。その結果，安心条件のモティベーション得点との相関が有意となり，それ以外の変数間では有意とはならなかったが，全体として，共感・イ

表6-4. 各条件の感情喚起得点と没入傾向との相関

	不安条件			安心条件		
	N	P	M	N	P	M
共感・イメージ	.17	.27	.17	.22	.04	.38*

注：$N=32$, N：ネガティブ, P：ポジティブ, M：モチベーション　*：$p<.05$

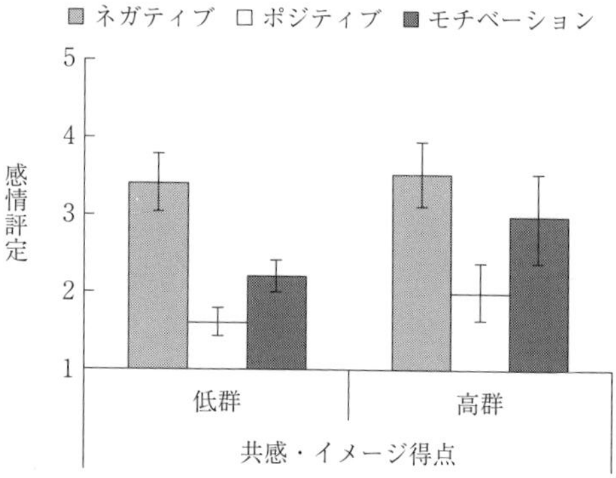

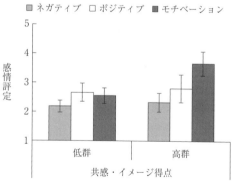

図6-3. 不安条件における感情評定（エラーバーは SE を示す）

図6-4. 安心条件における感情評定（エラーバーは SE を示す）

メージ得点が高いほど感情得点も高くなる傾向がみられた（表6-4）。

次に，不安条件，安心条件それぞれの物語を読んだときの感情価が，没入傾向の高い参加者（高群）と低い参加者（低群）でどのように異なるかを調べるため，分散分析を行った。その結果，不安条件では感情価の主効果が有意となり（$F(2, 60) = 19.46, p < .001, \eta_p^2 = .39$)，多重比較の結果，ネガティブ感情が最も評定が高く，ポジティブ感情が最も低いということが示された（$ps < .05$)。しかしながら没入傾向の効果（$F(2, 60) = 0.74, p > .40, \eta_p^2 = .02$）と交互作用（$F(1, 30) = 2.15, p > .10, \eta_p^2 = .07$)は，いずれも有意とはならなかった（図6-3）。一方，安心条件では，感情価の主効果（$F(2, 60) = 6.78, p < .01, \eta_p^2 = .18$）が有意，交互作用が有意傾向（$F(2, 60) = 2.90, p < .07, \eta_p^2 = .08$）を示した。単純主効果の検定の結果，共感・イメージ得点の高群は低群よりもモティベーション得点が高く（$p < .01$)，共感・イメージ得点高群での多重比較の結果，モティベーション得点がポジティブ（$p < .05$)，ネガティブ（$p < .01$）両得点よりも高いことが示された（図6-4）。なお，共感・イメージ得点の主効果は有意とはならなかった（$F(1, 30) = 2.78, p > .10, \eta_p^2 = .09$)。

6-2-4　没入体験は効果が見られたか

この節で紹介した実験では，物語読解過程における没入の役割を明らかにするために物語読解課題を行い，読解時間と読後の感情評定を従属変数とした分析を行った。その結果，読解時間に没入特性の効果は見出されず，第1の仮説は支持されなかった。一方，感情評定の分析では，主人公が安心した感情を体験する安心条件の物語において，没入傾向の高い参加者が読解中に読みの動機づけを多く体験していたことが示された。この結果は仮説2を直接支持するものではないが，いくつか考察に値する情報を含んでいる。それでは，これらの結果が何を意味するのかを考えてみよう。

物語理解に没入は影響しないのか　読解時間の分析では，没入傾向の効果はみられなかった。このことは，今回の結果をみる限り，物語の各要素の理解に没入傾向が影響するとはいえないことを示唆している。これについては二つの説明が考

えられる。一つは，物語への没入が実際の読解プロセスには直接的には影響していないという可能性である。これが正しいとするならば，物語読解は，文学的体験の中核にあると考えられる没入体験によって内容理解が導かれることで進むという構造ではなく，こうした体験が内容理解の後に生じる副次的なものということになる。米田他（2005）は共感が読解の後に体験されるものだという捉え方をしている。確かに，物語への没入体験においても，その喚起は読解の結果として生じるものであり，その程度が個人差として現れると捉えたほうが適切かもしれない。もう一つの可能性は，参加者の読み方による影響の可能性である。Komeda and Kusumi（2006）は，読解前に没入するように教示した場合としなかった場合とでは，状況モデルの各次元の検出パタン，つまり，物語理解の質が異なっていたことを報告している。このことから考えると，教示によって参加者の読解への構えを操作することで，没入傾向が読解に与える効果を検出することができるかもしれない。さらに，今回の実験では，状況モデルの次元から読解時間への影響もみられなかった。これは，読者が物語内の時間や空間，因果関係といった内容を検出しているというデータが得られなかったことを意味する。参加者が物語内容をある程度理解していたとすれば，このデータとは矛盾することになる。今回の結果は，読解時間に参加者の認知活動が充分に反映されていない可能性もある。このため，改めて実験を行うことが必要であろう。

没入体験と読解時の感情の関係　今回の実験では感情評定の分析も行った。では，その結果から，読者が物語読解時にどのような感情を喚起していたといえるだろうか。まず不安条件と安心条件という，主人公の感情によって，参加者の体験した感情が異なることが明らかになった。すなわち，不安条件では参加者はネガティブ感情を多く体験したのに対し，安心条件では読みへの動機づけが高まったという結果となった。このことは，物語課題における主人公の感情が読者の感情に影響したことを示しており，参加者が主人公に対して，ある程度の共感を体験していた可能性が考えられる。しかしながら，この感情喚起得点と没入傾向との関連がみられたのは安心条件のみであり，不安条件ではみられなかった。具体的には，没入傾向の高い参加者は安心条件で低群よりも高い動機づけを示したの

に対し，不安条件ではいずれの感情価にも効果はみられなかった。それでは，なぜ主人公の感情状態によって没入体験の効果が異なったのだろうか。

まず，安心条件で没入の効果が見られたことについては，Nell（1988）のいう「楽しむための読み」という概念から説明することができる。Nell によれば，一般に読者は物語を楽しむために物語を読むことが多く，読みによる楽しみは本を読むことによる没頭や作品世界への没入と深く関連している。実際，物語への没入は読後の楽しみや満足感に正の影響を与えることが示唆されている（Green, 2004; Green et al., 2004; Tal-Or & Cohen, 2010）。安心条件における結果は，こうしたこれまでの研究成果とも整合的であるといえる。一方，不安条件では没入体験の効果はみられなかった。このような結果となった理由は，一つには不安条件の物語が不安を強く喚起するものであり，そうしたネガティブな感情生起は没入傾向が低い読者でも容易に感じられたという可能性である。もう一つ考えられる理由としては，主人公が不安を体験する物語は楽しみや動機づけを相対的に生起しにくいという可能性である。すなわち，没入傾向の度合いが高かったとしても，物語から受ける感情は比較的ネガティブなものであり，それらは読みによる楽しさにはつながらなかったのかもしれない。Miall and Kuiken（2002）は，文学的体験の効果の一つに，読んで気分がすっきりするというカタルシスを挙げているが，こうした効果は読みによる満足感や Miall らのいう評価感情と関連している可能性がある。今回の不安条件の物語も，こうしたカタルシスを体験しにくいものであったと考えられる。あるいは，感情喚起に及ぼす没入傾向の効果が，不安条件の強いネガティブ感情の喚起特性によって打ち消されてしまったのかもしれない。

6-3　没入の教示が物語読解過程に及ぼす効果に関する実験（研究 8）

6-3-1　教示によって没入の効果はみられるか

前節で紹介した研究 7 の実験では，読解時間に対する没入体験の効果はみられなかった。しかし，物語への共感などが読解に与える効果は，読解時の参加者の

構えによって左右される可能性がある。そこで次の実験では,物語課題を読んでもらう前に没入を促す教示を行い,読者が物語の世界に入り込もうとするときに没入傾向がどのように影響するかを検討する。

6-3-2 実験の概要

今回の実験の手続きは,前節で紹介した研究7とほぼ同一である。すなわち,物語課題,用いた尺度,参加者の物語を読む手順などは,すべて同じであった。一点だけ,物語読解前に行う教示の部分のみを変更した。具体的には,研究7で行った教示の代わりに「あなたが物語の中に実際にいて出来事を本当に見たり聞いたりしているように,また,主人公となって物語の中を体験しているような感じになるように」読むように教示した。今回の実験に参加したのは,大学生および大学院生38名(女性18名,男性20名,平均年齢20.7歳)である。なお,いずれの参加者も研究7の実験には参加していない。

6-3-3 読解時間と感情価の分析

それでは結果をみてみよう。研究7と同じく,没入体験の読解時間に対する効果と読解時に生起した感情への効果についての結果を,順に報告する。分析結果を報告する前に,各尺度得点の基礎データをまとめておこう。読解の評定尺度について,評価と没入それぞれの得点を算出した。また同時に,LRQ-Jの共感・イメージ下位尺度の得点を算出した。その結果を表6-5に示す。

没入教示の操作チェック 次に,没入教示の効果を検討するため,課題への評定

表6-5. 条件ごとの物語評定得点とLRQ-J共感・イメージ得点

		Mean	Median	SD
不安条件	評価	4.21	4.50	.65
	没入	3.01	3.00	.79
安心条件	評価	4.05	4.50	.86
	没入	2.88	3.00	.80
LRQ-J	共感・イメージ	3.21	3.06	.84

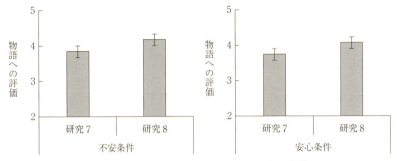

図 6-5. 研究 7 と研究 8 での物語の評価の比較

尺度の二つの得点を研究 7 の結果と比較した。これをグラフにしたものが図 6-5 である。分析の結果，物語への評価得点は不安条件では有意傾向で（$t(66) = 1.93, p < .06, g = .47$），安心条件では有意とはならなかったが（$t(66) = 1.54, p > .10, g = .38$），いずれも小さな効果量がみられ，研究 7 よりも本研究の方が物語への評価は高い傾向となった。また没入得点ではいずれの条件でも有意な得点差はみられなかった（不安条件：$t(66) = .63, g = .15$，安心条件：$t(66) = 1.07, g = .26$）。

読解時間の分析　それでは，没入体験特性が読解時間と関連があったかをみてみよう。研究 7 と同様，各文の属性と記述内容の変数を独立変数，読解時間を従属変数として重回帰分析を行った。その結果をまとめたものが表 6-6 である。研究 7 と同様に，モデル 1 の分析をまず行い，次にモデル 2 の分析を行った。これをみると，どちらの分析でも，時間と因果関係という物語内容を示す状況モデルの指標が，読解時間に影響を与えていることが分かる。さらに，LRQ-J の「共感・イメージ得点を独立変数に追加したモデル 2 の分析では，LRQ-J の得点が読解時間に対して負の影響を与えていることが示された。これは，「共感・イメージ」得点が高いほど，読解時間が短くなっていることを示すものである。

読解中の感情の分析　次に，読解時に体験した感情について分析した。まず，物語課題の各条件，すなわち不安条件と安心条件それぞれについて，ポジティブ，ネガティブ，モティベーションの各感情得点と共感・イメージ得点との関連を検

表6-6. 読解時間の重回帰分析結果

	モデル1 (β)	モデル2 (β)
文の長さ	.36***	.36***
系列位置	-.17***	-.17***
物語の条件	.00	.00
時間の変化	.07**	.07**
空間の変化	.00	.00
因果関係の変化	.05*	.05*
没入得点	―	-.16***
没入×時間	―	-.03
没入×空間	―	.03
没入×因果	―	.01
R^2	.13***	.16***
ΔR^2		.03***

注：＊：$p < .05$, ＊＊：$p < .01$, ＊＊＊：$p < .001$　$N = 38$

討するため相関係数を算出した。それをまとめたものが表6-7である。その結果，不安条件ではいずれの得点も共感・イメージ得点との間に有意な相関はみられなかったが，安心条件ではポジティブ得点，モティベーション得点との間に正の相関がみられた。このことから，共感やイメージ得点が高い参加者ほど，これらの感情を多く体験していることが示された。

次に，読解中の各感情価（ポジティブ，ネガティブ，モティベーション）が没入傾向の高群と低群とで異なるパタンを見せるかを検討するため，分散分析を行った。不安条件についての結果をまとめたものが図6-6，安心条件の結果が図6-7である。分析の結果，不安条件では感情価の主効果（$F(2, 72) = 47.14, p < .001, \eta_p^2 = .57$）が有意となり，ネガティブ感情はポジティブ，モティベーション感情よりもそれぞれ高く，またポジティブ感情はモティベーション感情よりも高いことが示された（いずれも $ps < .001$）。しかし没入体験特性の主効果（$F(1, 36) = 2.32, p > .10, \eta_p^2 = .06$），および交互作用（$F(2, 72) = .90, p > .40, \eta_p^2 = .02$）は有意とはならなかった。一方安心条件では，交互作用が有意となり（$F(2, 68) = 5.17, p < .01, \eta_p^2 = .13$），ネガティブ感情は没入特性高群のほうが低群よりも低くなり（$p < .05$），また没入特性高群では，ネガティブ感情得点がポジティブ感

表6-7. 各条件の感情喚起得点と没入傾向との相関

	不安条件			安心条件		
	N	P	M	N	P	M
共感・イメージ	.07	−.08	−.21	−.31+	.48**	.32*

注：+：$p < .10$, *：$p < .05$, **：$p < .01$　$N = 38$

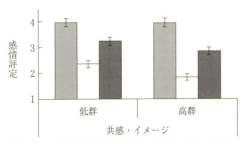

図6-6. 不安条件の感情評定（エラーバーは SE を示す）

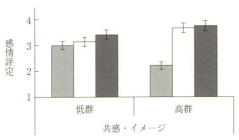

図6-7. 安心条件の感情評定（エラーバーは SE を示す）

情（$p < .01$），モティベーション感情（$p < .001$）よりも低くなることが示された。

6-3-4 教示によって没入の効果が表れた

今回の実験では，読解時に没入教示を与えることによって，物語読解に対する物語への没入体験の効果がみられるようになるかを検討した。その結果，LRQ-Jの共感・イメージ得点は読解時間を有意に予測し，感情評定では安心条件において共感・イメージ得点の効果がみられた。これらのことから，本章第1節で挙げた仮説1は支持され，また仮説2も一部ではあるが支持されたといえる。それでは，この実験の結果から考えられることを詳しくみていこう。

没入教示は参加者に届いていたか まず考えたいのは，没入教示が参加者に理解され，そのとおりに読んでいたかどうかである。教示の効果を検討するために行った物語評定尺度得点の比較では，評価得点が研究7での結果よりもやや高い傾向にあることが示された。これは，没入教示によって物語への興味や主観的な読みやすさが増したことを示している。物語の世界をイメージしたり登場人物に共感したりすることは，それぞれ物語への関与の度合いを高めることにつながり，それらはしばしば，読後の楽しみや満足感につながる (Green, 2004; Green et al., 2004; Nell, 1988; Tal-Or & Cohen, 2010)。そうした感覚や体験が読解への評価に影響を与えたと考えられる。しかしながら，評定尺度のもう一つの得点である没入得点には，教示の効果はみられなかった。没入という現象は本来，自発的な楽しみによって生じると考えられるため (Csikszentmihalyi, 1990; Nell, 1998; Oatley, 2011)，教示による没入の誘導にはある程度の限界があったと考えられる。ただ，参加者は，何らかの形で読みへの構えを変えていたことはいえるだろう。

読解時間と没入体験の関連性 読解時間の重回帰分析では，没入傾向は読解時間を有意に予測する結果となった。このことは，没入体験傾向が高い参加者ほど，物語理解にともなう認知的な負荷が低かったことを示している。物語理解過程で構築される状況モデルは，知覚的な要素を含むものだという指摘がなされているが (Fisher & Zwaan, 2008; 常深・楠見, 2009; Zwaan, 1999a, 2004)，このことを踏まえれば，普段から物語へ没入している参加者にとって，知覚的な状況モデルがさらに詳細に，あるいは容易に構築できた可能性が考えられる。さらにこの結果

は，登場人物への共感が物語理解を促すという報告とも整合的である（Komeda, et al., 2009; Komeda & Kusumi, 2006）。もちろん，この研究では実際に物語に没入したこと，つまり物語課題を読んでいるときの没入状態が読解に直接的な影響を与えたかどうかはみておらず，また参加者の課題への没入体験を細かく測定しているわけでもない。このため，参加者がどのように物語を読んでいたかは明らかではない。今後は，読解過程において没入のどの側面がどのように関与しているかを，状態を測定する尺度を用いて細かく検討することが必要である。

没入体験によって読解時の感情は変化する　一方，感情評定の分析では，安心条件において没入特性の効果がみられた。すなわち，相関分析では没入傾向が高いほどポジティブ感情や読みへの動機づけを強く体験していることが明らかとなり，分散分析の結果では，没入特性の高い参加者はそうでない参加者に比べてネガティブ感情を低く評定することが明らかになった。これらの結果は，没入しやすい読者は物語内容に沿った感情を読解中に体験しやすいことを示唆している。もちろん，この結果のみから，読者が物語の主人公に対して共感していたと結論づけることはできないが，読者が登場人物の感情をモニターしていることは多くの研究から示されており（Gernsbacher, Goldsmith, & Robertson, 1992; Komeda & Kusumi, 2006），そうした感情推論に没入体験が関連している可能性は高い。このことから考えると，今回の実験結果は，没入によって登場人物へ共感が高まった結果生じたものと考えられる。しかしながら，不安条件での感情評定にはこうした没入の効果はみられなかった。没入の効果が安心条件でみられ，不安条件では見られなかったという今回の結果は，研究7の結果と全く同じパタンである。このことから，前節で考察したような，不安条件にみられるネガティブな感情が没入の程度に関係なく喚起されやすい可能性や，主人公の抱く不安感情が没入体験の有無による読解時の感情の個人差を打ち消した可能性が高いと考えられる。

没入教示の有効性　今回の実験結果は，物語に没入するようにという教示によって，物語理解過程における没入の役割を浮かび上がらせることができたことを示している。これは，没入を促す教示によって没入傾向のもともと高い参加者は物

語内容の処理が促進され，また物語内容に一致した感情の喚起が促されたが，没入傾向の低い参加者にはそうした効果をもたらさないという可能性を示しているように思われる。またこのことは，普段の読書スタイルが物語読解に影響していることを示唆しており，興味深い結果である。学校教育の場面などでは，登場人物の気持ちを考えながら読むということが指導として行われていることが多いと考えられるが，今回の結果は，こうした指導が実際の物語理解を促す効果を持っていることを示している。しかしながら，操作チェックの結果からは，本研究の没入教示が実際の読解時における没入状態を促進させたとは断言できない。繰り返しになるが，本来自発的になされるはずの没入を，教示によって操作することの限界を踏まえた上で，今後の検討は行われるべきである。

第7章

読書プロセスのなかでの「物語への没入体験」の位置づけと役割

7-1 これまでの研究が示す「没入体験」の実像

7-1-1 本書の目的と各研究の関係

本章では，ここまで紹介してきた八つの研究を振り返りながら，これらの研究から見えてくる「没入体験」の全体像を整理する。

本書の目的を改めてみてみよう。第1章の最後で述べたとおり，本書で紹介した八つの研究は，次の三つの問題を検討するためのものであった。第1に，物語への没入体験の特性と状態を測定できる尺度をそれぞれ開発し，わが国において没入体験研究を進める足がかりを提供すること，第2に，文学的体験と読書活動との関連をみることで，没入体験がどのようなものであるかを明らかにすること，そして第3に，物語への没入が読解過程に影響を及ぼすかどうかを明らかに

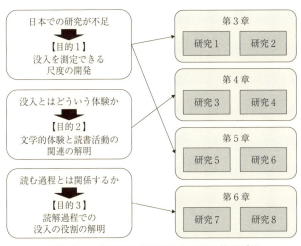

図7-1．本書の三つの目的と各研究の位置づけ

することであった。これらを目的として、第3章から第6章では筆者が行った八つの研究を順に見てきた。三つの目的がそれぞれの研究とどのように対応するかを示したのが図7-1である。第1の目的のための尺度作成は3章と5章で、第2の目的のための調査は第4章で、そして第3の目的のための実験は第6章で、それぞれ紹介したとおりである。それでは、これらの研究結果から、物語への没入体験がどのようなものであると理解することができるだろうか。以下の各項では、三つの課題それぞれに対して、本書がどのような答えを提示できるか考えてみよう。

7-1-2　没入体験の特性と状態は量的に測定できる

　まず、研究1では第1の課題に取り組むため、個人の物語への没入体験をはじめとしたさまざまな読書体験の特性を測定する尺度として Miall and Kuiken (1995) の LRQ を日本語に翻訳した。わが国においては、物語読解時の体験の程度を測定する試みはこれまでほとんどなされていなかったため、これはほぼ初の試みであったといってよい。予備調査の結果、読解時の洞察や作者への注目など、因子分析で再現されなかった下位尺度が多くあり、海外でのデータとのずれが示唆された。しかしながら、共感とイメージの二つの因子は一つの因子としてまとまりつつ一貫した構造を持つことが推測され、この尺度の有用性を予想させる結果となった。そこで研究2では、原版の尺度からの項目選定を行うことで37項目の LRQ-J を開発し、信頼性と妥当性の検討を行った。その結果、LRQ-J の各下位尺度は充分な信頼性を持っていること、そして各下位尺度はイメージ能力、没入性や空想傾向、自我の回復力などの尺度と関連することが示された。これらはいずれも Miall and Kuiken の結果とほぼ同様のものとなり、LRQ-J の妥当性も確認できたといえる。

　次に、研究5と研究6では、没入体験の状態、すなわち読者が読解時に実際に体験する没入の程度を測定する尺度として、Green and Brock (2000) の移入尺度を日本語に翻訳し、信頼性と妥当性の検討を行った。作成の過程で、オリジナルの15項目で構成された NTS-J と、短縮版の NTS-SF という二つの尺度を翻訳することになったが、ウェブ調査、紙とペンによる調査という2度の調査の結

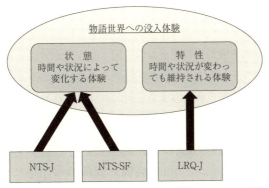

図7-2．物語への没入体験を測定するための二つの尺度

果，信頼性についてはどちらの尺度でも確認されたが，妥当性に関しては，短縮版であるNTS-SFのほうが日本語版としては優れた尺度であることが明らかになった。ただし，二つの尺度はともに，LRQ-Jとの間に中程度から弱い相関がみられたことから，どちらの尺度も物語への没入を測定していることは確認できた。

　以上のような結果から，わが国において物語への没入体験を測定するための尺度を，特性と状態の両方で開発することができた（図7-2）。これらの尺度は，物語理解を科学的に解明するという用途だけでなく，物語を読むことによるさまざまな効果のメカニズムを解明する際にも大いに役立つであろう。繰り返しになるが，物語を読むという体験に関する研究は，わが国も含め世界的にもまだ始まったばかりの段階である。今後は，世界でも先進的なこの分野の研究成果をわが国からも発信し，読書の効果を客観的なデータに基づいて議論できるようになることが期待される。そのとき，こうした尺度が存在することはそれらの進展を支えるものとなるだろう。また，これらの尺度は実際的にも用いることが可能である。例えば，学校教育の場面などで子どもたちの読書体験を把握するというときにも，今回作成した尺度は貢献できるかもしれない。こうした社会的貢献の可能性については，第8章で改めて触れることにしよう。

7-1-3 没入体験と関連する心理特性

第3章や第5章で紹介した調査によって，没入体験を客観的に測定できるようになったと同時に，没入体験に関する新たな考察を行うことが可能になった。それは，「没入体験の個人差と関連しているのはどのような心理特性なのか」という問いである。第2章で紹介したこれまでの研究成果を総合すると，物語への没入に関連すると考えられるのは次のような心理特性であろう。すなわち，イメージへの没入性（大宮司他，2000; Tellegen & Atkinson, 1974），空想傾向（Wilson & Barber, 1983），心的イメージ能力（Lynn & Rhue, 1986; Green & Dill, 2012），体験への開放性（McCrae & Costa, 1985; Wild et al., 1995），解離傾向（岡田他，2004），共感性（Davis, 1983; 登張，2003）などである（表7-1）。第2章で述べた研究2では，LRQ-Jの妥当性の検討を目的としてさまざまな尺度との関連を検討した。その結果，心的イメージ能力，空想傾向とイメージへの没入性，精神的回復力などとの関連が示された。

このうち，没入性や空想傾向は，第2章で述べた「物語世界への没入体験」の基底ともいえる概念であり，これらはいずれも，変性意識状態と呼ばれる体験のしやすさを表す特性である（Tellegen & Atkinson, 1974）。こうした指摘に基づくと，物語世界という現実とは離れた表象に入り込むことは，日常生活とは異なる意識状態に近いものであると考えられる。

次に，イメージ能力は物語理解とも関連の深い概念であり，特に，読解中のイメージと物語理解との関連の検討もなされている（Denis, 1982; 福田，1996）。しかしながら，これらと物語への没入体験との関連はあまり検討されていなかっ

表7-1．没入体験と関連するさまざまな心理特性

没入性	感覚体験やイメージなどに注意を集中させる傾向
空想傾向	豊かな空想を体験したり，空想することに没頭したりする傾向
解離傾向	「自己」に関する意識や記憶が薄れたり，一時的にそれらを忘れたりする傾向
イメージ鮮明性	さまざまな感覚イメージを鮮明に思い描くことができる傾向
共感性	他者の視点を理解したり他者と同じ感情を経験したりする傾向
開放性	好奇心が豊かで，新しいことを体験することを楽しむ傾向
自我の回復力（レジリエンス）	ストレス状況を体験したときに，心理的に立ち直る傾向

た。Miall and Kuiken（1995）や Green and Brock（2000）は，イメージを物語への没入体験に含めているが，研究2の結果はこれを裏付けるものである。イメージ能力については近年，実験による客観指標での測定や認知能力との関連などさまざまな検討がなされており（菱谷，2011），今後は本書で取り上げたような尺度指標以外に，客観指標による検討も必要である。

また，没入体験との関連では，精神的健康も無視することはできない。研究2では，ストレス状況などでの心理的回復力を測定するER尺度も実施した。その結果，共感・イメージなどと弱いながら正の相関が示された。没入体験と自我機能との関連を説明する理論モデルはこれまで提唱されていないが，このことは，物語を読むことによる精神的健康への貢献を予想させる。一方，没入体験そのものの現象に注目すると，これとは逆に精神病理学的な心理特性との関連もみられる可能性がある。没入性は催眠のかかりやすさに関連する特性であるが，そのほかに解離という現象とも関連があると指摘されている（Merckelbach et al., 2001; 岡田他，2004）。解離（dissociation）とは自分の過去の経験に関する記憶や自分の属性，自分が自分であるという感覚といった，「自己」を構成する意識が変容する現象であり，強い精神的ストレスやトラウマなどと関連することが指摘されている（American Psychiatric Association, 2013）。没入体験と精神的健康が正の関連を持つのか，それとも負の関連を持つのかについては，今後慎重に検討する必要があるだろう。

このように，本書で紹介した研究の結果，物語世界への没入はさまざまな心理特性と関連していることがわかった。本書ではこれ以外の心理特性との検討はできなかったが，上に挙げたように，没入体験と関連が予想される特性はいくつか存在する。これらについてさらに検討していくことで，物語を読んだときの読者の体験の多様性をさらに説明できる新たなモデルを構築することが期待される。

7-1-4　没入体験は文学的体験を支えている

研究1と研究2によって，物語への没入体験を測定する準備が整った。次の段階は，それらを用いて「没入体験とはどのような体験なのか」という問いに向き合うことである。研究3と研究4では，この第2の目的を掲げてそれぞれ調査を

行った。その際,没入体験の実態を解明するための視点としたのが「文学的体験における没入体験の役割」と「没入体験と読書習慣との関連」であった。研究3では女子大学生を対象に,研究4では一般社会人を対象に,それぞれ質問紙による調査を行ったところ,いずれの検討でも,物語への没入体験は,読解時に作者や文体に注目する傾向とともに,物語を読むことを通して自己洞察する傾向に影響を与えていることが示された。これは,文学の領域で提唱されている文学的体験の生起メカニズムを説明する仮説モデル「自己変容感情仮説」(Kuiken, Miall et al., 2004; Miall & Kuiken, 2002) を実証的に支持するものである。

これまで,物語に入り込むという体験はその現象の特異さから,文学理論でもさまざまに記述がされてきた (Iser, 1976 轡田訳, 1982; Holland, 1975)。しかしこうした研究分野では,文学的体験が読者によって異なるという個人差の問題を指摘することはあっても,その実態を捉えることが難しかったのではないだろうか。本書で紹介した研究結果は,読書中に生起する体験が没入体験だけではなく多様な様相を持っていること,そしてそれらには大きな個人差が存在することを明らかにした。このことは,私たちが物語を読むときに感じる「鑑賞」のような豊かな体験の存在を明確に示している。そして,そうした豊かな体験としての文学的体験は,物語への没入という概念で説明することができるかもしれない,ということも見えてくる。

7-1-5 没入体験は読書の動機づけとして機能する

また,没入体験,とりわけ読書への注意の集中は,小説を読む頻度と関連していることも示され,読書の動機づけ研究において指摘されている没入の役割 (秋田・無藤, 1993; Greaney & Neuman, 1990; Schiefele et al., 2012; Wigfield & Guthrie, 1997) が改めて示唆された。これは,没入体験の別の側面を私たちに見せてくれる。それは,物語を生き生きと感じるという体験が,私たちの読書活動の一部を支えているという点である。

従来の読書への動機づけ研究では,動機づけを構成する次元の一つとして空想や没頭といった概念が指摘されている (Greaney & Neuman, 1990; Schiefele et al., 2012; Wigfield & Guthrie, 1997)。第4章でも述べたが,こうした次元は物語への没

入体験と近いものであると考えられ，この観点から考えれば，物語への没入が読書行為の動機づけとして機能していることが考えられる。しかしながら，読書への動機づけで記述されている没頭などの具体的内容は，研究者によって大きく異なっており，それらが本書で論じた没入体験のどの下位要素に当たるのかは，あまり明確ではなかった。実際のところ，研究3と研究4は読書への動機づけについて直接的に調べているわけではないが，二つの調査の結果は，物語への没入の中でも，読書に熱中するという傾向が読書活動の動機づけとして機能していることを示している。これは，第2章で整理した没入体験の下位要素のうちの「注意の集中」に相当すると考えられる。注意の集中は，物語をイメージしたり登場人物に共感したりすることの基礎となっていると考えられ，活動の喜びや楽しみをもたらすフロー（Csikszentmihalyi, 1990）の中心的な概念でもある。このように考えると，読書への動機づけは，物語へ注意を集中することで生じた楽しみや満足感によってもたらされると捉えなおすことができる。さらに今回の調査では，文学的体験も読書活動の一部に関連していることも明らかになった。第4章の結果は，読書体験と読書活動の関連が予想以上に複雑であり，また多様であるということを示しているのかもしれない。

ただし，本書で紹介した研究にはいくつかの課題もある。従来，読書への動機づけは読書頻度（De Naeghel et al., 2012）だけでなく，読書量との関連の中でも検討されてきた（Schaffner et al., 2013; Schiefele et al., 2012）。本書では，読書頻度のみを読書習慣の指標として検討したが，厳密にいえば，読書頻度と読書量はそれぞれ異なる指標である（猪原, 2016; 猪原他, 2015）。今後は，読書量の指標を取ることで個人の読書習慣をより多面的に測定し，没入体験との関連を検討することも必要である。また，物語を読むことによる楽しみや満足感と読書への動機づけがどのような関係にあるのかは，今回の調査では検討していない。この点についても，物語への没入という概念を中心にして，これらを統合的に検討することが求められる。

7-1-6 没入体験は物語理解を促進する

本書が掲げた第3の目的は，物語への没入体験が実際の読解，すなわち物語理

解の過程に影響しているかを検討することであった。このために研究7では参加者に実際に物語を読んでもらい、その読解時間と読後の感情評定を指標として没入体験の効果を検討した。その結果，没入体験の読解時間に対する影響はみられず，むしろ，没入体験は読解中の読みへの動機づけに影響することが示された。この結果だけを見れば，読解における没入体験は主に読解中や読後の感情に影響していると考えられる。しかし，研究8で示すように，参加者に対して読解時に没入しながら読むようにと教示すると，没入傾向が高いほど読解時間が短くなる効果が明らかになった。このことは，普段から没入しやすい傾向を持つ個人はそうでない個人よりも，読解時の没入によって物語理解が促されること，そして，そのような没入の効果は，少なくとも一定の条件下においては成立する可能性があるということを示している。これは没入体験が，ただ単に物語を楽しむ行動を支えるという機能だけでなく，私たちが物語を理解するという認知機能そのものに関与していることを示すものである。では，物語読解において，没入体験は具体的にどのように物語理解プロセスを支えているのだろうか。次節ではこの問題をさらに深く考察したい。

7-2 物語読解過程に没入体験を位置づける

7-2-1 読みのプロセスに没入はどう関与するのか

第2章で述べたように，物語世界への没入体験は文学やメディア論，認知心理学，社会心理学など多くの学問領域で検討が行われてきた。そして，この現象を統合的に捉えようとする研究はいまだ少ないものの，移入や物語への関与などいくつかの研究が影響力のある理論として注目されるようになってきた (Busselle & Bilandzic, 2009; Green & Carpenter, 2011)。しかしながら，没入体験が物語読解の過程においてどのような位置にあるのかは，あまり明らかになっていない。すなわち，物語読解において没入体験がどのように生じるのか，物語理解を含む読解過程においてどのような役割を果たすのか，そして，その結果生じる認知的，感情的変化とどのように関連するのかを説明する，統一的なモデルは充分に構築されていない。そこで本節では，物語読解過程における没入の位置づけについ

て，先行研究として物語理解・関与モデルを取り上げ，このモデルにおける物語理解と没入との関係について考察する。そして，本章で紹介した研究成果を踏まえ，物語理解の最も有力な理論である状況モデル理論（Zwaan & Radvansky, 1998）と没入体験の理論を統合する新たなモデルとして，物語没入─読解モデルを提唱する。

7-2-2 物語読解において没入体験が果たす役割

「物語理解・関与モデル」（Model of narrative comprehension and engagement）は Busselle and Bilandzic（2008）によって提唱されたモデルである。Busselle らは，物語に関与，すなわち没入するには物語世界に関する「現実性」（realism）を読者が適切に知覚し評価できることが重要であると指摘した。現実性とは，物語世界が現実世界と類似したものであるか，あるいは作品内で一貫した世界として描かれているかといった性質であり，Busselle らは，読解時に物語の現実性の破綻が検出されたときに没入が阻害されるという仮説を提唱した。図7-3に

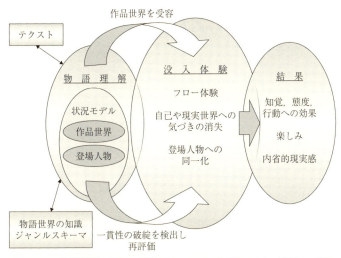

図7-3．物語理解・関与モデル（Busselle & Bilandzic, 2008, p. 272 より改変）

Busselle らのモデルの概要を示す。

　このモデルにおける読解のプロセスは，読解時に物語を理解する，つまり状況モデルが構築されることから始まる。状況モデル，すなわち物語世界の構築において重要なのは，時間，空間，登場人物に関する各次元の情報であり，読者はこれらの情報を鮮明に理解するために，意識の中心を現実の世界から物語世界へと移動させる必要があるとする。ただしこの過程では，物語世界の現実性のモニタリングが常に行われており，これが読解中の没入体験に影響する。ここで，図7-3を改めてみてほしい。左の「物語理解」プロセスから中央の「没入体験」に伸びる二つの矢印は，この影響過程が二つあることではなく，現実性の破綻が検出された場合とされない場合それぞれにおける影響の内容を示している。すなわち，現実性の破綻が検出されない場合，読者は物語世界をそのまま受容してそのなかに没入し（図7-3上の矢印），その結果として楽しみや喜びを体験したり，また物語内容に関する知識や態度の変化といった影響を受けたりする。しかし，状況モデルの構築過程で現実性の重大な破綻が認識された場合（下の矢印），つまり物語世界に関する情報に何らかの矛盾があると感じた場合，現実性の詳細な再評価が行われ，それによって破綻が解決されるまで没入は阻害される。

　Busselle and Bilandzic（2008）は，物語への没入現象として移入，同一化，フロー体験の3つを例示している。このことから，このモデルにおける没入は，第2章で整理した没入の下位要素（図2-3，表2-1）における注意の集中，外界および自己意識の減退，作品のイメージ，同一化，そして物語の現実性を含む概念であると考えられる。そして，没入が起こるメカニズムとして，物語の一貫性の破綻が検出されないことが物語の現実性の知覚につながり，状況モデルの構築や物語世界のイメージ化をスムーズに行うことが可能になると説明する。これによって，読者は読解活動に対するフローを体験することができ，読解時あるいは読解後の楽しみや喜び，知識や態度の変化といった結果をもたらすとされている。

7-2-3　新しい仮説モデル：「物語没入―読解モデル」

　しかしながら，7-2-2で取り上げたBusselle and Bilandzic（2008）のモデル

では，研究7と研究8の結果が示すような，没入体験が物語理解を促進するという現象を説明することができない。また，このモデル以外で，没入体験の影響を取り入れた読解過程のモデルは，筆者の知る限りでは提唱されていない。そこで，物語理解の主要理論である状況モデルと既存の没入に関する理論とを踏まえて，新しいモデルとして「物語没入—読解モデル」（narrative immersion-reading model）を提唱する。このモデルは，状況モデルの構築によって没入が生じると同時に，没入することによって状況モデルの構築が促進されるという，物語理解と没入体験とが相互に促進しあう関係を想定した仮説である。図7-4にモデルの全体像を示した。

このモデルでは，物語読解のプロセスは大きく分けて，状況モデルと物語世界への没入体験という二つの下位要素で構成されていると仮定する。読者の体験するこの過程は，Busselle and Bilandzic (2008) と同様に状況モデルの構築から始まる。状況モデルには時間，空間，登場人物などの各次元が組み込まれており（Zwaan, Langston et al., 1995; Zwaan, Magliano et al., 1995），これらが表象としての物語世界（Oatley, 1999, 2002）を構成している。一方没入体験は，注意の集中，自己意識の減退，物語世界のイメージ化，共感／同一化，感情移入，物語の現実

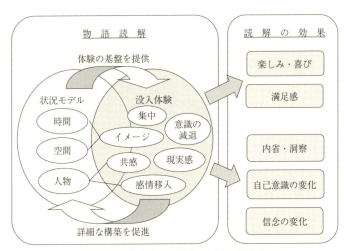

図7-4．物語没入—読解モデルの概念図

感という，第2章で述べた六つの下位要素が含まれている。では，没入体験はこのモデルでどのように生起するのだろうか。まず読者は，状況モデルの構築に自身の注意を集中させる。このとき構築される状況モデルは，物語世界に関する知覚的情報を含んでおり（Zwaan, 1999a），その過程で物語世界のイメージが形成される。このように，状況モデル構築と没入体験という二つのプロセスは独立したものではなく，状況モデルの構築とともに注意の集中やイメージといった没入のプロセスが進行する。また，状況モデル内で登場人物に関する情報が詳細に形成されると，その人物への同一化や感情移入が体験できるようになる。また同時に，このプロセスに注意を集中させることで外界への気づきの消失や物語への現実感の感覚が生じる。こうして，図7-4の上矢印が示すように，状況モデルは没入体験を支え，それらが生起するための基盤を提供している。

　一方，図の下の矢印が示すように，没入体験は状況モデルの詳細な構築に貢献する。例えば，登場人物への同一化は登場人物に関する情報の精緻化に，情景のイメージ化は時間，空間といった情報の精緻化に，それぞれ関連すると考えられる。もちろん，これ以外の次元，例えば物語内の出来事の因果関係や物語全体の目標などの情報の精緻化にも没入は影響する（Komeda & Kusumi, 2006）。こうして精緻化された状況モデルはさらなる没入を促し，読解中に両者の相互作用が繰り返されることによって，読者は作品世界がまるで実世界と同じであるかのような現実感を体験する。さらに，没入しながらの読みは，読解後の満足感や喜び，楽しみなどを促進する効果を持ち（Green, 2004; Tal-Or & Cohen, 2010），一方で自己洞察や物語内容に関連した信念などに影響する（Green & Brock, 2000; Kuiken, Miall et al., 2004）。このように本モデルは，既存の没入に関する理論と物語理解過程とを統合したモデルといえる。

7-2-4　物語没入─読解モデルで説明できる読解過程

　前節でみたように，物語没入─読解モデルは，物語理解過程を説明する状況モデル理論（van Dijk & Kintsch, 1983; Zwaan & Radvansky, 1998）と本書でこれまで述べてきた物語世界に没入する体験についての理論とを組み合わせて，物語読解という総体として理解する枠組みを提案するものである。本モデルに従えば，物

語理解・関与モデル（Busselle & Bilandzic, 2008）では説明できなかった没入の新しい側面を説明することができる。さらに，第4章で検証した自己変容感情仮説（Kuiken, Miall et al., 2004; Miall & Kuiken, 2002）に対しても，心理学的見地からのアプローチの可能性を与えることができる。ここからは，物語没入—読解モデルが既存の理論とどのように関連するかを見ていこう。

まず本モデルでは，Busselle and Bilandzic (2008) のモデルにおける没入と状況モデルとの関係に加えて，「没入が状況モデル構築を促進する」という関係を仮定することで，没入は物語理解過程と相互作用するという新たな位置づけを与えた。これによって，読みによって物語を鮮明に体験できるという現実感が生じるメカニズムを，没入による状況モデルの精緻化によって説明することができる。また，状況モデルの構築にともなってその世界を鮮明に体験するという指摘（e.g., Zwaan, 1999a）について実証的な検討を行うことも可能になる。すなわち，イベントインデックスモデル（Komeda & Kusumi, 2006; Zwaan, Langston et al., 1995; Zwaan, Magliano et al., 1995）や読者—主人公相互作用モデル（Komeda et al., 2009; 米田・楠見，2007）の検討で用いられる，読解時間測定や読後に行う文章の重要度評定課題などを用いて検討することが考えられる。すでに，第6章で述べた実験では，読解時間測定が没入体験を含めた読解過程を検討するのに有効であることを示すことができた。これによって，状況モデル理論に没入過程を取り入れた，より包括的な読解プロセスの解明が期待できる。

次に，第4章で紹介した自己変容感情仮説（Miall & Kuiken, 2002）についても，新たな枠組みから検討が可能である。第4章で紹介した研究3と研究4では，このモデルを支持する結果を調査によって得ているが，こうした体験が物語理解においてどう生起するかは明らかになっていない。しかし本モデルに従えば，読解で生じる物語感情を，「状況モデル構築と相互作用的に生起した情景イメージや登場人物への同一化」と捉えることができ，これによって，文学的体験が読解過程で生じるメカニズムの心理学的検討が可能となる。たとえば，Miallらが実験で用いてきた手法（Kuiken, Miall et al., 2004; Kuiken, Phillips et al., 2004）のように，読者が体験する審美感情や自己変容感情などを，後から言語で報告してもらうことで，これらが没入体験とどのように関連するかを検討したり，読解

時間を測定する実験手法を組み合わせて状況モデル構築との関連をみたりするといった方法が考えられる。

　さらに，読後の楽しみや喜びといった感情と没入体験との関連も，新しい視点での検討を提案できる。これまで，読後の楽しみと没入との関連については，主に質問紙を用いた検討が行われてきたが（Green et al., 2004; Tal-Or & Cohen, 2010），これらと物語読解の認知メカニズムとの関連はあまり明らかになっていない。本モデルに従って，移入を読解過程で生じるイメージ化や注意の集中と捉えなおすことで，没入のどの側面が楽しみや満足感につながるか，あるいは状況モデルの構築プロセスと読後の効果との関連などについて検討することが可能となる。こうした検討ができるようになれば，物語を読むことによる認知的，感情的効果のメカニズムの解明にもつながるだろう。

　一方，読書活動に関連して，これまでに読書中に生じる感情（van der Bolt & Tellegen, 1996）や動機づけ（Greaney & Neuman, 1990; Naceur & Schiefele, 2005），読書への興味（Sadoski, Geotz, & Rodriguez, 2000; Schiefele, 1991）などが検討されているが，こうした概念と没入との関連も今後検討すべき課題であろう。特に，動機づけの概念には没入体験が含まれており，読書活動や読解スキルなどへの効果が検討されている（Schiefele et al., 2012）。しかしながらこれらの研究では，状況モデル理論と読書の動機づけとがどのように関連するかは検討されていない。物語没入―読解モデルは，動機づけや興味などに直接焦点を当てたものではないが，こうした要素は没入体験と深いつながりを持つことが予想される。本モデルの観点に立つことで，それらと物語読解過程との関連をより直接的に検討できる可能性がある。

7-3　心理現象の一つとしての「物語への没入」

　本章では，これまでみてきたさまざまな研究成果から，物語への没入体験という現象の全体像を描き出してきた。これらをまとめると，物語読解は極めて広範な心理現象と関連していることが考えられる。そこで，本書で取り上げた「物語世界への没入」を中心に，物語読解の全体像を改めて俯瞰すると，図7-5のよ

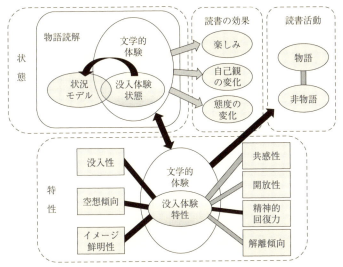

図7-5.本書で明らかにした物語への没入体験の全体像

うに整理できる。この図において,物語読解に関連する心的プロセスは,個人の心理特性,物語読解を含む状態,読書の効果,そして読書活動の大きく四つに分けることができる。まず,特性としては没入体験特性とそれを含めた文学的体験の特性があり,それらに多くの心理特性が関連している。本書では,第3章において没入体験と心理特性との関連を検討し,第4章では没入体験特性と文学的体験の特性の関係に焦点を当てた。また,第4章では物語への没入特性と読書活動との関連も検討した。この結果から,これまで読書の動機づけとして研究されていたのは,物語読解または没入体験の特性と読書活動との間の部分であると考えられ,この図では下部の特性から右上の読書活動へ延びる黒矢印でその関係が示されている。一方,物語読解では,読者が実際に物語を読むときの体験が含まれる。具体的には,物語読解は状況モデル構築と物語への没入体験とで構成されており,また読解の過程では文学的体験も経験することがある。ここで,読者が感ずる没入体験は没入体験特性の個人差と関連している。これについては第5章において検討したとおりである。さらに,第6章で述べた実験では,物語理解と没入体験との関連について検討を行った。本章で提唱した物語没入―読解モデルは

この物語読解に含まれ，図中では左上の「状態」部分に含まれている。

　しかしながら，本書で取り上げた研究では，薄い灰色で描いた矢印の関係については検討することができなかった。また，この図で取り上げたプロセスのうち，物語の効果に関する部分の検討は全く行っていない。こうした点についてはさらに精緻化させていく必要がある。この図が示すとおり，物語読解という行為が複雑な要素で成り立っていることを鑑みると，物語没入―読解モデルのような統合的なモデルに基づいて物語読解を検討することは，読書という人間の行為を包括的に理解しようとするときの基礎となるだろう。そしてこうした検討は，物語を読むという行為をより大きな観点から理解することにも寄与し，人間がなぜ物語を作り，また読むことを求めてきたのかという，第1章で触れた問題にも新たな視点を提供できるであろう。

第8章

「物語への没入」のこれから

終章にあたるこの章では，本書の内容の「これから」を論ずる。主に取り上げる点は二つである。まず第1は，本書で紹介した物語世界への没入体験が，認知心理学や社会心理学，さらには物語について研究を行っているさまざまな学問においてどのように貢献できるか，という学問的な展望である。そして第2は，こうした研究が国語教育や臨床心理学的実践といった実践領域でどのように役立つかという，実践的，社会的な意義である。そして，本書のなかで明らかにすることのできなかった点などの課題を論じ，最後に，今後の「物語」の研究の方向性と社会への貢献について展望する。

8-1　本書の研究がもつ学術的意義

8-1-1　「物語」を体験するメカニズム：認知心理学への貢献

　本書は，物語を読んでいるときに読者が体験する「物語世界への没入」に焦点を当て，わが国における測定尺度の開発，物語読解に関連する心理特性や読書習慣との関連，そして読解時の没入体験の機能について検討してきた。物語への没入に関する研究は広範な領域で行われているが，没入それ自体をターゲットとして行われた検討は，わが国はもとより世界的にみてもあまり存在しない。このため，本書で取り上げた研究は，さまざまな学問領域への貢献が予想できる。

　まず，第1に挙げられるのは，認知心理学への貢献である。第2章でも述べたが，認知心理学の領域は，物語理解の過程を説明する理論として状況モデル理論などが提唱され，人間がどのように物語の内容を理解しているかが検討されてきた（Graesser et al., 1997; Olson & Gee, 1988; Zwaan & Radvansky, 1998）。代表的な理論である状況モデルは，本来，同じ物語を読んでもその理解がひとによって多様であるという問題を説明するものであった（川崎, 2001）。しかしながら，読解

に関与する個人差の要因をこの理論に基づいて検討した試みは極めて少ない。近年，物語理解に自伝的記憶の観点からアプローチした研究（常深・楠見, 2009）や，読者と登場人物との類似性に注目した検討（Komeda et al., 2013; 米田・楠見, 2007）が行われるようになり，物語読解における個人差の問題が注目され始めている。本書で紹介した物語没入―読解モデルは，没入体験という個人差要因を物語読解に位置づける試みであり，こうした検討を行うことで，より統合的な観点から物語の読みを理解することが可能となる。

一方，近年では，物語が現実世界や実際の社会的経験を擬似的に体験する，シミュレーションとしての役割を担っていると指摘されている（Mar & Oatley, 2008; Oatley, 1999a, 2011）。これに関連して，言語理解研究においては，第7章で紹介した身体化認知に関する研究が近年活発になり，運動について描写した短文などの読みと身体運動との関連性が指摘されている（Fisher & Zwaan, 2008; 平, 2010）。これらは，現実世界を体験するように物語が疑似体験されているのではないかと考える上で重要な知見となりうる。これまで見てきたように，没入は物語世界を現実世界と同じであるかのように生き生きと体験する現象であり，物語のシミュレーション機能がどのように生じるのかを，没入という現象から説明できるかもしれない。また逆に，身体化認知は没入体験が生じるメカニズムを支えている可能性も充分に考えられる。今後，物語への没入の研究が身体化認知の研究と協働することができれば，読者が物語読解という営みをどのように体験しているのかという問題にアプローチするときの大きな原動力となるだろう。そして，没入のメカニズムという，これまで解明できなかった問題にも新たな視点を提供するものとして注目される。

8-1-2　物語と社会とをつなぐ：社会心理学や対人理解の研究への貢献

第2に，物語への没入体験の研究は，物語から人間がえるさまざまな影響や効果を検討する領域にも，重要な示唆を提供できるだろう。これらは，社会心理学やコミュニケーション学，メディア心理学の領域で検討が行われている課題である。

第2章で取りあげた「移入」や「同一化」などの概念は，物語の持つさまざ

な効果を説明するために提唱されてきた理論であり，これまでに多くの実証的な検討が行われてきた。特に移入については，物語を読むことで読者が態度や信念を変化させるメカニズムとして注目されており，研究は活発である（van Lae et al., 2014）。しかしながら，こうした概念はそれぞれ別のものとして独立して研究されることが多く，それらの類似性は指摘されていても，それらを統合的に検討しようという試みは現在まであまり行われてこなかった。本書はこれらの現象に，「物語世界への没入」という新たな統一的概念を提唱し，それに属する要素として六つの現象を提案した。これによって，読者が実際に体験している現象を元に，詳細に態度変化の効果を説明できる理論の構築に寄与するであろう。特に，物語の説得効果をもたらしているのは読書体験のどの側面なのかを解明することができれば，この分野の研究を大きく進展させることが期待できる。

　また，没入体験の研究は，現実場面での他者理解という，人間の社会生活にとって最も重要な能力の解明にも貢献できる。人間は他者と関係を結ぶとき，相手の心情を推測したり，相手の持っている知識や意図を推測するといった行動を行っている。こうした能力は「心の理論」や「マインドリーディング」などと呼ばれる（Apperly, 2011）。このような，人間の社会活動を脳のはたらきから解明しようとする社会神経科学の分野では，心の理論など他者理解の神経科学的基盤が多く検討されているが（Amodio & Frith, 2006; Buckner & Carroll, 2007; Frith, 2007），他者を理解しようとするときに活動する脳部位は，物語理解をするときにも同じように活動することが指摘されている（Mar, 2011）。さらに近年では，物語の読書量が多いほど心の理論などの対人的能力が高まることや（Kidd & Castano, 2013; Mar et al., 2006, 2009），移入しながら物語を読んだ参加者は，読後に他者を援助する行動が増える傾向があること（Johnson, 2012; Johnson, Cushman, Borden, & McCune, 2013）も報告されている。これらの知見は，物語を読むことが現実の対人行動にも効果を持っていることを示唆している。登場人物への同一化を要素にもつ物語への没入は，こうした効果がなぜ表れるのかを説明できるかもしれない。それによって，私たちの社会活動がどのような心的機能によって支えられているかをさらに明らかにすることにつながるだろう。

　さらに，物語への没入の研究は，これまで心理学が行ってきた研究手法そのも

のにも再考をうながすだろう。物語は心理学のさまざまな領域で刺激材料として用いられている。特に，社会心理学や人間の情動を実験的に操作する研究では，物語によって参加者に状況設定を呈示し，その上で調査や実験を行うのが一般的であるといっても過言ではない。本書が示した成果は，社会科学で物語を用いている研究領域にも少なからず影響を与えるだろう。すなわち，物語を刺激として用いた状況で測定した行動データや心理データが果たして妥当なのかという点は，今後検討されなければならない課題である。物語への没入を中心に，人間が物語に触れたときの体験の解明が進めば，どのような参加者に，どのような物語を刺激として用いるべきかという問題にも，大きな手がかりを提供できるかもしれない。

8-1-3 「実験文学」の構築に向けて：心理学以外の学問領域への貢献

第3章で紹介したと研究3，研究4では，物語への没入と文学的体験との関係を明らかにした。このような研究は，これまでの心理学ではほとんど扱われてこなかった領域である。文学研究では，作家論や作品論などの「作品」の側を研究対象とすることが多いものの，小説の読者や劇の観衆などの「受容者」を対象とする研究もなされている。その代表的なものが，第4章で紹介した読者反応論である (Fish, 1980 小林訳, 1992; Iser, 1976 轡田訳, 1982)。そして近年では，文学作品を読んだ読者の反応をデータとして収集するという研究も行われるようになってきた。このような，文学理論において定量的研究を行う試み (Kuiken, Phillips et al., 2004; Kuiken, Miall et al., 2004; Miall & Kuiken, 1995, 2002) は，対象とする問題や検討手法の多くを心理学と共有している。物語を読む読者の体験に心理学的にアプローチすることは，文学と心理学の協働を促す点でも意義があることであろう。さらに，芸術を鑑賞する人間の反応を，神経活動から明らかにしようという「神経美学」という学術領域が提案されており，文学作品もその対象となりつつある (Skov & Vartanian, 2009)。海外では，文学を科学的に検討する研究者の学会も開かれている。こうした試みによって，文学という人間の活動をさらに深く理解することにも貢献できるだろう。

8-1-4　今後の研究へ向けての課題

しかしながら，こうした貢献のためにはいくつか課題も残されている。ここでは，本書でも取り上げなかったこうした課題を押さえておきたい。

第1に，物語世界への没入体験を構成する下位要素の問題である。第2章で述べたように，物語への没入は，注意の集中，現実への意識の減退，情景のイメージ，登場人物への共感，感情移入，物語への現実感という六つの要素で構成されていると論じた。しかしながら，本書で開発したLRQ-Jや移入尺度は，これらの下位要素を個別に測定する尺度とはなっていない。今後，没入体験が六つの要素で構成されるという仮説を検証するためには，これらを個別に測定できるような新たなツールを開発する必要がある。

第2に，物語への没入体験が持つ効果に関する問題である。先ほども述べたとおり，物語へ没入することは読後の楽しみや満足感（Busselle & Bilandzic, 2008; Green, 2004; Tal-Or & Cohen, 2010），あるいは自己洞察や態度の変化（Green & Brock, 2000; Kuiken, Miall et al., 2004）など，さまざまな効果を持つことが知られている。しかしながら本書では，物語への没入によって読者にどういった変化が生じるのかはほとんど検討していない。物語への没入という観点から統合的に物語読解を理解するためには，第7章で提唱した物語没入—読解モデルの最後のプロセスである，没入によって読者にもたらされる効果を検証することが不可欠である。没入体験が六つの要素で構成されているという仮定を実証的に検討することと合わせて，これらの要素が読解による帰結とどのような関係を有しているかを検討することが，この領域の研究の次なるステップとなるだろう。

8-2　物語研究は実践や社会でどう役立つか

最後に，本書で紹介した成果がどのような応用分野に貢献できるかを考えたい。「物語」という本書の研究テーマから考えれば，最も応用が期待できるのは教育分野である。また，物語を読む「体験」を解き明かすことは，人間の心理的体験を細かく捉えることが必要となる心理的援助の領域にも貢献できるかもしれない。いずれも，本書で取り上げている「物語への没入体験」そのものとは関連

が薄いと思われるかもしれないが，前節で論じたような物語が持つさまざまな効果は，学術的貢献だけでなく教育や臨床的支援などにとって大きく役立つトピックであるはずだ。しかし，そうした効果を実践領域に応用するためには，そのメカニズムや関連するさまざまな要因を明らかにしなければならい。没入体験のような読者の体験は，物語による効果を解明するための大きなヒントになるはずである。そこでこの節では，物語を研究することでもたらされる実践的な貢献について展望したい。

8-2-1　没入体験の解明が教育に与える示唆

本書の冒頭でも述べたように，学校教育，とりわけ国語教育では物語が教材として使われている。たとえば小学校3，4年生では「場面の移り変わりに注意しながら，登場人物の性格や気持ちの変化，情景などについて，叙述を基に想像して読むこと」といった目標が掲げられている（文部科学省, 2008a）。従来，物語を含むさまざまな文章を読むことは，子どもの語彙力や文章理解力を育むことが示唆されており（Mol & Bus, 2011; Schaffner et al., 2013），また教育現場でも，子どもの読書を増やすことが課題として取り上げられることは多い。では，そうした課題に，本書の研究はどのように貢献できるだろうか。第8章で紹介した実験結果は，物語世界に没入して豊かに情景をイメージしたり共感したりすることで，物語理解が促進されることを示している。特に，「物語の世界をイメージして登場人物に共感する」ことを教示したときに，この効果は顕著に現れており，このことは，没入を促すような指示や指導が，文章理解を促すことをデータとして示したという点で重要である。こうした知見は，教育場面においてどのように読書を教授，指導するかという問題にも重要な示唆をもたらすだろう。たとえば，子どもたちに対して，場面をイメージしたり登場人物の気持ちを想像したりしながら読むという指導をさらに意識的に行うことで，子どもたちの文章理解のスキルを上げるといった効果も期待できるだろう。

また，没入体験は現実場面での他者理解の能力も高める可能性がある。そうした知見のほとんどは成人を対象に研究が行われているが，今後さらに研究が進み，物語を読むことで社会的な能力が向上するという結果が子どもでも見られれ

ば，子どもたちの対人スキルを伸ばすために物語を用いるといった，新たな指導法の開発にもつながりうる。幼児ならば絵本を用いて，小学生以上ならば物語を用いて，積極的に本と触れ合う時間を作るという活動が，子どもどうしの関係づくりを促進し，子ども間のトラブルやいじめなどの問題を予防することにも効果をもつかもしれない。そしてその際に，子ども一人ひとりの読書体験をアセスメントすることができれば，その効果をさらに高めることにつなげることができるだろう。

さらに，本書で開発したLRQ-Jや移入尺度は，こうした体験に大きな個人差があることを示唆している。このことは，子どもたちの物語を読むスタイルの個人差を把握するという視点を提供する。もちろん，これらの尺度は児童を回答者として想定した尺度ではないが，それらを作成することも，日本語版の尺度を開発したことで可能となった。今後，学校において子どもたち一人一人の読書を細やかにアセスメントすることが可能になれば，個人の課題に沿った教授や指導を行うことができるようになると考える。

8-2-2 物語研究を活かした心理学的な支援の可能性

心理的な障害や困難を抱えたひとを支援する臨床心理学の実践でも，物語の研究は役立つかもしれない。近年，臨床心理学では「ナラティブアプローチ」という理論が脚光を集めている (Greenhalgh & Hurwitz, 1998; 斎藤他, 2001)。これは，セラピストがクライエントとの対話を物語として理解することで，クライエントの持つ体験を語りとして扱うというアプローチである。そこでは，クライエントの語った体験を，物語を書きかえるようにセラピストが援助することを通して，クライエントが課題や悩みを解決できるように促すなどの実践が行われている。それでは，こうした活動に本書の内容がどのように役立つのだろうか。

第1章では，本書で扱う物語の定義を示しているが，それに従うならば，クライエントの語る悩みや体験をそのまま物語として理解することは充分に可能である。本書で論じた物語への没入は，セラピストとクライエントの間で形成される物語を扱う上でも，有効な枠組みとなりうる。Oatley (2011) は，文学作品の読解とある種の心理療法との間に共通点があるかもしれないと述べている。両者は

一見すると全く異なる心理的過程にみえるが，第4章で触れたように，没入体験の延長として起こる文学的体験は，自己に対する見方や認知の変容をもたらすものといえる。この自己の見方の変容は，カウンセリングや心理療法における目標であるクライエントの心理状態のポジティブな変化との類似があるかもしれない。この仮説がもし妥当であるならば，物語に触れたときの読者の体験のモデル化を試みた本書の成果は，セラピストによるクライエント理解の姿勢や技法，そしてクライエントの語りをどのように扱うかという実践的課題に向き合う際にも貢献すると考える。

　また，物語を読むことには心の理論をはじめとした社会的能力を向上させる効果があることも指摘されている（Kidd & Castano, 2013; Johnson, 2012; Mar et al., 2006, 2009）。このような成果は，自閉スペクトラム症（ASD）などコミュニケーションに困難をもつさまざまなクライエントに対して，物語を用いた援助の新しい選択肢を提供するかもしれない。物語への没入をはじめとした，読書中の体験という観点から対人的能力の促進について詳細に検討することで，複雑な対人場面における社会的スキルの促進や，子どもの共感能力の獲得支援などに応用することも可能になるだろう。

8-2-3　読書活動の普及に向けて

　読書をすることは良いことだという認識は，特に子どもとかかわる保育や教育に携わる人々にとって一般的なものであろう。読書を推進する根拠としてよく聞かれるのは，一つは言語能力を高めるというもの，もう一つは思いやりや情緒を育むというものである。このうち，前者についてはすでに数多くの研究が海外で行われており（レビューとしてMol & Bus, 2011），わが国で行われた検討でもそうした主張を支持する研究成果が得られている（猪原，2016; 猪原他，2015）。それでは後者についてはどうであろうか。第2節で述べたように，物語にはさまざまな効果があることが示されているが，その中でも「物語によって他者理解などの社会的能力が高まる」ことを示す研究成果は，読書の持つもう一つの意義に科学的な根拠があることを示しているといえる。

　物語を読むことで対人スキルが向上するという効果に，物語に没入する体験が

何らかの役割を果たしているのか。この問題についてはまだ充分に解明されたわけではない。しかし，もしそうであるならば，子どもの社会的スキルを伸ばすために，物語を活用するという施策は効果的かもしれない。そして，その際に重要となるのは，子ども一人ひとりの体験である。学校や地域の図書館を充実させる，家庭での読書活動を推進するだけでなく，子どもが本を読む体験そのものに注目することの意義はとても大きいといえるだろう。たとえば，子どもの没入を促すような，絵本の読み聞かせのような取り組みをさらに充実させることは，子どもの対人的能力の向上や子ども間の暴力などの予防にとって役立つものであるかもしれない。読書行動を伸ばすような取り組みを積極的に進めていくことは，子どもたちの発達にとって極めて重要な要素である。本書で紹介したデータは，そうした取り組みを支える実証データを提供するための，一つの手がかりを私たちにもたらしてくれる。

8-3 おわりに

「物語への没入」は，読者にとってとても複雑な体験として立ち現れる，捉えどころのないものであるかもしれない。しかし，それらを一つ一つ丁寧に検討してゆくと，没入体験の心理学的な性質を明らかにすることができる。本書はその試みとして，調査や実験といった実証的な手法を使って，読者が感ずる没入体験には大きな個人差があること，そしてそれらは読書活動や文学的体験と密接に関連していること，さらには，没入体験が物語の理解を促すはたらきを持っていることなどを示してきた。こうした研究成果を通して，没入体験の実像と，それを客観的に測定することの重要性，そして体験の持つ奥深さを，できる限り示してきたつもりである。

本書の冒頭で紹介した源氏物語の中で，玉蔓は，光源氏が物語など所詮は嘘でしょうとからかったのに対して，それでも物語が本当に起こったことのように思えてならないのだと答えている（與謝野, 1971）。もし，我々が物語を作り，また読んできた動機が，この玉蔓の言葉に表れているとしたら，物語を読むことの原動力は，本書で述べてきたような，物語の世界に没入することにこそあるのかも

しれない。本書で紹介した没入体験に関するデータは，そうした原動力のほんの一部に過ぎない。没入体験一つとっても，未解明な部分はまだ数多く残されている。それらを少しずつ検証していったとき，玉蔓が体験したような物語の魅力の正体が，初めて私たちの前に立ち現れるだろう。

　我々は日々物語に接している。そして，我々は物語に没入することで，人生では遭遇することのなかった状況や登場人物に触れる。そのような体験を通して，私たちは世界や他者をより理解することに役立てているともいえる（Mar & Oatley, 2008）。本書で明らかにしようとした物語読解の全体像は，人間が社会生活を営むことそのものを反映しているともいえるだろう。「物語を読む人間」にアプローチすることは，単に物語読解という営為を理解するのに役立つだけでなく，私たちが現実世界においてどのようにふるまい，他者と関係を築いているかという問題にも，大きな示唆をもたらすものとなるはずである。

謝　辞

　本書は，筆者が平成26年（2014年）に京都大学大学院教育学研究科に提出した博士論文を，大幅に加筆，修正したものです。紹介している研究は，2004年から2007年にかけての文教大学人間科学部と同大学院人間科学研究科在籍時と，2011年から2014年にかけての京都大学大学院教育学研究科在籍時に行いました。その間，多くの方々からのご指導，ご指摘，そしてお力添えをいただきました。ここに記して感謝申し上げます。

　まず，筆者の博士課程における指導教員である楠見孝先生（京都大学）に，心より感謝申し上げます。先生には，博士課程への編入学を快くお許しいただき，編入学後から修了後の現在に至るまで，研究の進め方，新しい問題のご指摘，統計分析の手法，そして研究を行う者としての姿勢など，ここには書きつくすことができないほど数多くのことを，親身になってお教えいただきました。

　そして，学部から修士課程にかけての指導教員である岡田斉先生（文教大学）に，心より感謝申し上げます。先生には学部から修士課程にかけての指導教員としてご指導いただき，本論文で取り上げたLRQの研究ができたのは，岡田先生がこの尺度の翻訳を勧めてくださったのがきっかけでした。それ以外にも，博士課程を修了した現在に至るまで，公私にわたり多くのご支援や励ましをいただきました。

　お二方のご指導がなければ，筆者が研究を志すことも，また研究をここまで続けることもできなかったことと思います。改めて深く，御礼申し上げます。

　京都大学大学院教育学研究科の子安増生先生，吉川左紀子先生，齊藤智先生，野村理朗先生，高橋雄介先生には，大学院コロキアムや院ゼミなどを通してさまざまなことをお教えいただきました。とりわけ，先生方にお教えいただいた認知心理学の基本的な知識や考え方，研究計画の立て方と遂行の仕方などは，それま

で畑違いの臨床心理学にいた筆者にとって，大きな学びとなりました。折に触れていただいたコメントや指摘によって，筆者には思いもよらない新たな視点を示していただきました。

京都大学白眉センターの米田英嗣先生には，筆者が修士課程に在籍したときから今日まで，たくさんのアドバイスをいただきました。特に，本書の研究7と研究8で用いた物語課題は，作成者である米田先生のお許しがあってこそ用いることができたものです。また，文章理解に関する知見や実験計画，データの分析に至るまで，さまざまなことをお教えいただき，数々の貴重なコメントとアドバイスとをいただきました。改めて感謝申し上げます。

本書につながる研究を3年間行うことになりました，京都大学大学院教育学研究科の教育認知心理学講座では，多くの方々に大変お世話になりました。特に，井関龍太先生（現・大正大学），常深浩平先生（現・いわき短期大学），猪原敬介先生（現・電気通信大学）には，慣れない環境で右往左往する筆者に研究のアドバイスをしていただいただけでなく，議論を通して言語や文章理解に関するたくさんの知識をいただき，物語を研究することの面白さと奥深さをお教えいただきました。そして，ここではお一人お一人のお名前を記すことはできませんが，講座の同期，先輩，後輩の皆さんに，改めて感謝申し上げます。

また，本書で紹介した研究は，研究会などでの議論やアドバイスなどが多数含まれています。国際基督教大学の森島泰則先生と，法政大学の福田由紀先生からのお力添えをいただきました。先生方には，ディスコース心理学研究部会を通して，筆者と認知心理学との接点を作っていただき，またそこでの議論を通して，文章を研究することについてたくさんの示唆をいただきました。心より感謝申し上げます。また，大阪大学の野村弘平先生には，常深先生とともに「関西物語学研究会」を企画，参加させていただくなかで，物語を研究することの奥深さなど，たくさんのことを教えていただきました。心より御礼申し上げます。

この研究は，筆者が文教大学に在籍していたときから続けてきたものですが，研究を始めた最初の4年間にお世話になりました，文教大学大学院人間科学研究科臨床心理学専攻の皆様に感謝申し上げます。特に，岡田先生のゼミの先輩である山本直介さん，同期の大部聡子さん，小形泰代さんには，本書の基礎となる部

分について数々のコメントとアドバイスをいただきました。心より感謝申し上げます。

　本論文は，調査参加者，実験参加者を合わせて，2,000名を超える方々のご協力の上に成されたものです。皆様の貴重なご厚意とご協力がなければ，本書をこの世に上梓することはできませんでした。改めてここに，心より感謝申し上げます。そして，本書で取り上げた研究の一部は，平成24年度〜25年度文部科学省科学研究費補助金（特別研究員奨励費，課題番号24・5196）の助成を受けました。ここに記して御礼申し上げます。

　本書で取り上げたLRQの原著者である，アルバータ大学のDavid S. Miall先生と，移入尺度の原著者である，ノースカロライナ大学のMelanie C. Green先生には，日本語版尺度の作成という筆者の申し出を快諾いただきました。改めてここに御礼申し上げます。

　本書の出版にあたり，京都大学学術出版会の鈴木哲也様と國方栄二様には，ひとかたならぬご支援をいただきました。特に，論文特有の，ややもすると堅苦しい文体になりがちな私の原稿に，多くのアドバイスと提案をいただきました。そして，遅筆な筆者を辛抱強くお待ちいただき，何とか世に出すに足る水準にまで導いていただきました。ここに記して感謝申し上げます。

　本書の出版に際しては，平成28年度「京都大学総長裁量経費・若手研究者出版助成事業」の支援をいただきました。

　最後に，これまで筆者を育て，支えてくれた両親と祖父母，両親と同じくらいの愛情を注いでくれた伯父夫妻と叔父夫妻，そして幼少よりきょうだいのように過ごしてくれた二人の従弟妹に，限りなく深い感謝を申し上げます。

小山内　秀和

本書の内容と公刊された論文・学会発表との対応について

本書の内容の一部は，筆者とその共同著者によって，論文や学会発表の形で公開されている。以下に，本書の各章と論文，学会発表との対応について記した。ただし，論文，学会発表のいずれもなされていない部分に関しては「未発表」とした。

なお，論文などの形で公刊されている部分については，本書への収録にあたり加筆・修正を行っている。

第1章　序論：
未発表

第2章　物語への没入体験とはどのようなものか：
小山内秀和・楠見孝（2013）．物語世界への没入体験——読解過程における位置づけとその機能　心理学評論, 56, 457-473.

第3章　没入体験の「特性」を測る：
小山内秀和・岡田斉（2011）．物語理解に伴う主観的体験を測定する尺度（LRQ-J）の作成　心理学研究, 82, 167-174.

第4章　没入体験は読書行為とどう関連するか
　第1節　没入体験と文学的体験：
未発表

　第2節：物語への没入と読書習慣：
未発表

　第3節　女子大学生を対象とした読書活動の調査（研究3）：
小山内秀和・岡田斉（2011）．日本版 Literary Response Questionnaire の妥当性の検討（2）——読書習慣や余暇活動との関連　日本心理学会第75回大会発表論文集, 870.

　第4節　一般社会人を対象とした文学的体験と読書習慣の調査（研究4）：

小山内秀和・楠見孝 (2012). 物語体験の個人差が読書習慣に及ぼす影響—成人を対象としたモデル化の試み　日本心理学会第76回大会発表論文集, 845.

第5章　没入体験の「状態」を測る：
小山内秀和・楠見孝 (2016). 物語への移入尺度日本語版の作成と信頼性および妥当性の検討　パーソナリティ研究, 25, 50–61.

第6章　没入体験が物語読解で果たす役割
　第1節　物語の読みと没入体験の関係
　未発表

　第2節　没入体験が物語読解過程に及ぼす効果に関する実験（研究7）：
小山内秀和・岡田斉 (2010). 読解時の主観的体験が物語理解に及ぼす効果　日本心理学会第74回大会発表論文集, 662.

　第3節　没入の教示が物語読解過程に及ぼす効果に関する実験（研究8）：
Osanai, H., & Kusumi, T. (2012, July). *The effects of individual differences of absorption on narrative comprehension.* Poster presented at the Twenty-Second Annual Meeting of the Society for Text & Discourse, Montreal, Canada.

第7章　読書プロセスのなかでの「物語への没入体験」の位置づけと役割
　第1節　これまでの研究が示す「没入体験」の実像：
　未発表

　第2節　物語読解過程に没入体験を位置づける：
小山内秀和・楠見孝 (2013). 物語世界への没入体験——読解過程における位置づけとその機能　心理学評論, 56, 457–473.

　第3節　心理現象の一つとしての「物語への没入」：
　未発表

第8章　「物語への没入」のこれから：
　未発表

引用文献

秋田喜代美・無藤隆 (1993). 読書に対する概念の発達的検討——意義,評価,感情と行動の関連性　教育心理学研究, 41, 462-469.
American Psychiatric Association (2013). *Diagnostic and statistical manual of mental disorders, Fifth edition.* Arlington, VA: American Psychiatric Association.
Amodio, D. M., & Frith, C. D. (2006). Meeting of minds: The medial frontal cortex and social cognition. *Nature Reviews Neuroscience,* 7, 268-277.
Appel, M., Gnambs, T., Richter, T., & Green, M. C. (2016). The Transportation Scale-Short Form (TS-SF): *Media Psychology, 18,* 243-266.
Appel, M., & Richter, T. (2010). Transportation and need for affect in narrative persuasion: A mediated moderation model. *Media Psychology,* 13, 101-135.
Apperly, I. A. (2011). *Mindreaders: The Cognitive Basis of "Theory of Mind".* New York: Psychology Press.
Baron-Cohen, S. (2002). The extreme male brain theory of autism. *Trends in Cognitive Science,* 6, 248-254.
Baron-Cohen, S. (2003). *The Essential Difference: The truth about the male and female brain.* London: Penguin. (バロン＝コーエン S. 三宅真砂子 (訳) (2005). 共感する女脳,システム化する男脳　NHK出版)
Barthes, R. (1961-71). *Introduction a l'analyse structurale des recits.* Paris: Seuil. (バルト R. 花輪光訳 (1979). 物語の構造分析　みすず書房)
Bartlett, F. C. (1932). *Remembering: a study of experimental and social psychology.* Cambridge: Cambridge University Press. (バートレット F. C. 宇津木保・辻正三 (訳) (1983). 想起の心理学——実験的社会心理学における一研究　誠信書房)
Baum, D., & Lynn, S. J. (1981). Hypnotic susceptibility level and reading involvement. *International Journal of Clinical and Experimental Hypnosis,* 29, 367-374.
Bettelheim, B. (1976). *The Uses of Enchantment: The Meaning and Importance of Fairy Tales.* New York: Knopf.
Betts, G. H. (1909). *The distribution and functions of mental imagery.* New York: Teachers College, Columbia University.
Bower, G. H., Black, J. B., & Turner, T. J. (1979). Scripts in memory for text. *Cognitive Psychology,* 11, 177-220.
Boyd, B. (2010). *On the origin of stories: Evolution, cognition, and fiction.* Cambridge, MA:

Belknap Press of Harvard University Press.

Braun, I. K., & Cupchik, G. C. (2001). Phenomenological and quantitative analyses of absorption in literary passages. *Empirical Studies of the Arts*, 19, 85–109.

Bruner, J. (1986). *Actual minds, possible worlds*. Cambridge, MA: Harvard University Press.

Buckner, R. L., & Carroll, D. C. (2007). Self-projection and the brain. *Trends in Cognitive Science*, 11, 49–57.

Busselle, R., & Bilandzic, H. (2008). Fictionality and perceived realism in experiencing stories: A model of narrative comprehension and engagement. *Communication Theory*, 18, 255–280.

Busselle, R., & Bilandzic, H. (2009). Measuring narrative engagement. *Media Psychology*, 12, 321–347.

Chang, C. (2008). Increasing mental health literacy via narrative advertising. *Journal of Health Communication*, 13, 37–55.

Clark, C., & Rumbold, K. (2006). *Reading for pleasure: A research overview*. London, UK: National Literacy Trust. (http://www.eric.ed.gov/PDFS/ED496343.pdf 2016年11月3日閲覧)

Cohen, J. (2001). Defining identification: A theoretical look at the identification audiences with media characters. *Mass Communication & Society*, 4, 245–264.

Coplan, A. (2004). Empathic engagement with narrative fictions. *Journal of Aesthetics and Art Criticism*, 62, 141–152.

Csikszentmihalyi, M. (1990). *Flow: The psychology of optimal experience*. New York: Harper & Row.

大宮司信・芳賀あい子・笠井仁 (2000). イメージへの没入性と性格および不安との関連 催眠学研究, 45(1), 24–29.

Davis, M. H. (1983). Measuring individual differences in empathy: evidence for a multidimensional approach. *Journal of Personality and Social Psychology*, 44, 113–126.

Davis, S., Dawson, J. G., & Seay, B. (1978). Prediction of hypnotic susceptibility from imaginative involvement. *American Journal of Clinical Hypnosis*, 20, 194–198.

de Graaf, A., Hoeken, H., Sanders, J., & Beentjes, J. W. J. (2012). Identification as mechanism of narrative persuasion. *Communication Research*, 39, 802–823.

De Naeghel, J., Van Keer, H., Vansteenkiste, M., & Rosseel, Y. (2012). The relation between elementary students' recreational and academic reading motivation, reading frequency, engagement, and comprehension: A self-determination theory perspective. *Journal of Educational Psychology*, 104, 1006-1021.

Denis, M. (1982). Imaging while reading text: A study of individual differences. *Memory & Cognition*, 10, 540-545.

Djikic, M., Oatley, K., & Moldoveanu, M. C. (2013). Reading other minds: Effects of literature on empathy. *Scientific Study of Literature*, 3, 28-47.

Engelen, J. A. A., Bouwmeester, S., de Bruin, A. B. H., & Zwaan, R. A. (2011). Perceptual simulation in developing language comprehension. *Journal of Experimental Child psychology*, 110, 659-675.

Ennis, R. E. (1987). Taxonomy of critical thinking dispositions and abilities. In J. B. Baron, & R. J. Sternberg (Eds.) *Teaching thinking skills: Theory and practice.* (pp. 9-26) New York: W. H. Freeman and Company.

Fellows, B. J., & Armstrong, V. (1977). An experimental investigation of the relationship between hypnotic susceptibility and reading involvement. *American Journal of Clinical Hypnosis*, 20, 101-105.

Fish, S. E. (1980). *Is there a text in this class?: The authority of interpretive communities.* Cambridge, MA: Harvard University Press. (フィッシュ S. E. 小林昌夫 (訳) (1992). このクラスにテクストはありますか——解釈共同体の権威 みすず書房)

Fisher, M. H., & Zwaan, R. A. (2008). Embodied language: A review of the role of the motor system in language comprehension. *The Quarterly Journal of Experimenta Psychology*, 1, 1-26.

Freud, S. (1940). Abriß der Psychoanalyse. *Internationale Zeitschrift für Psycho-analyse und Imago*, 25, 7-67. (津田均 (訳) (2007). 精神分析概説. 新宮一成・鷲田清一・道籏泰三・高田珠樹・須藤訓任. フロイト全集22 (pp. 175-250) 岩波書店)

Frith, C. D. (2007). The Social brain? *Philosophical Transactions of the Royal Society B: Biological Science*, 362, 671-678.

福田由紀 (1996). 物語理解における視覚的イメージの視点の役割 風間書房.

Genette, G. (1972). *Discourse du recit, essai de methode*. Paris: Seuil. (ジュネット G. 花輪光・和泉涼一訳 (1985). 物語のディスクール——方法論の試み 水声社)

Gernsbacher, M. A., Goldsmith, H. H., & Robertson, R. R. W. (1992). Do readers mentally represent characters' emotional states? *Cognition and Emotion*, 6, 89-111.

Gerrig, R. J. (1993). *Experiencing narrative worlds*. New Haven, CT: Yale University Press.

Graesser, A. C., Mills, K. K., & Zwaan, R. A. (1997). Discourse comprehension. *Annual Re-

view of Psychology, 48, 163-189.
Graesser, R. A., Singer, M., & Trabasso, T. (1994). Constructing inferences during narrative text comprehension. *Psychological Review*, 101, 371-395.
Graesser, A. C., Woll, S.B., Kowalski, D. J., & Smith, D. A. (1980). Memory for typical and atypical actions in scripted activities. *Journal of Experimental Psychology: Human Learning and Memory*, 6, 503-515.
Greaney, V., & Neuman, S. B. (1990). The functions of reading: A cross-cultural perspective. *Reading Research Quarterly*, 25, 172-195.
Green, M. C. (2004). Transportation into narrative worlds: The role of prior knowledge and perceived realism. *Discourse Processes*, 38, 247-266.
Green, M. C., & Brock, T. C. (2000). The role of transportation in the persuasiveness of public narratives. *Journal of Personaility and Social Psychology*, 79, 701-721.
Green, M. C., & Brock. T. C. (2002). In the mind's eye: Transportation-imagery model of narrative persuasion. In M. C. Green, J. J. Strange, & T. C. Brock (Eds.) *Narrative impact: Social and cognitive foundations.* (pp. 316-341). Mahwah, NJ: Lawrence Erlbaum.
Green, M. C., & Brock, T. C., & Kaufman, G. F. (2004). Understanding media enjoyment: The role of transportation into narrative worlds. *Communication Theory*, 14, 311-327.
Green, M. C., & Carpenter, J. M. (2011). Transporting into narrative worlds: New directions for the scientific study of literature. *Scientific Study of Literature*, 1, 113-122.
Green, M. C., & Dill, K. E. (2012). Engaging with stories and characters: Learning, persuasion, and transportation into narrative worlds. In K. E. Dill (Ed.) *The oxford handbook of media psychology.* (pp. 449-461). New York: Oxford University Press.
Green, M. C., & Donahue, J. K. (2008). Simulated worlds: Transportation into narratives. In K. D. Markman, W. M. P. Klein, & J. A. Suhr (Eds.). *Handbook of imagination and mental simulation.* (pp. 241-254). New York: Psychology Press.
Greenhalgh, T., & Hurwitz, B. (Eds.) (1998). *Narrative based medicine: Dialogue and discourse in clinical practice.* London: BMJ. (グリーンハル T.・ハーウィッツ B. 斎藤清二・山本和利・岸本寛史訳 (2001). ナラティブ・ベイスト・メディスン──臨床における物語りと対話　金剛出版)
Hilgard, E. R. (1965). *Hypnotic susceptibility.* New York: Harcourt, Brace & World.
平山るみ・楠見孝 (2004). 批判的思考態度が結論導出プロセスに及ぼす効果──証拠評価と結論生成課題を用いての検討　教育心理学研究, 52, 186-198.
菱谷晋介 (2011). イメージ能力の個人差　箱田裕司 (編) 現代の認知心理学7──認知の

個人差（pp. 52-75）北大路書房.
Holland, N. N.（1975）. *5 reader reading*. New Haven, CT: Yale University Press.
Igartua, J.（2010）. Identification with characters and narrative persuasion through fictional feature films. *Communication, 35,* 347-373.
猪原敬介（2016）．読書と言語能力：言葉の「用法」がもたらす学習効果　京都大学学術出版会
猪原敬介・上田紋佳・塩谷京子・小山内秀和（2015）．複数の読書量推定指標と語彙力・文章理解力との関係―日本人小学校児童への横断的調査による検討　教育心理学研究, 63, 254-266.
井関龍太（2004）．テキスト理解におけるオンライン処理メカニズム――状況モデル構築過程に関する理論的概観　心理学研究, 75, 442-458.
Iser, W.（1976）. *Der akt des lesens: Theorie asthetischer wirkung*. München: Wilhelm Fink Verlag.（イーザー W. 轡田収（訳）（1982）．行為としての読書――美的作用の理論　岩波書店）
Johnson, D. R.（2012）. Transportation into a story increases empathy, prosocial behavior, and perceptual bias toward fearful expressions. *Personality and Individual Differences, 52,* 150-155.
Johnson, D. R., Cushman, G. K., Borden, L. A., & McCune, M. S.（2013）. Potentiating empathic growth: Generating imagery while reading fiction increases empathy and prosocial behavior. *Psychology of Aesthetics, Creativity, and the Arts, 7,* 306-312.
Johnson-Laird, P. N.（1983）. *Mental models: Towards a cognitive science of language, inference, and consciousness*. Cambridge, UK: Cambridge University Press.
Just, M. A., & Carpenter, P. A.（1992）. A capacity theory of comprehension: Individual differences in working memory. *Psychological Review, 99,* 122-149.
笠井仁・井上忠典（1993）．想像活動の関与に関する研究――測定尺度の作成と妥当性の検討　催眠学研究, 38(2), 9-20.
川崎惠里子（2001）．文章理解の理論　中島義明（編）　現代心理学［理論］事典（pp. 308-328）朝倉書店.
Keen, S.（2006）. A theory of narrative empathy. *Narrative, 14,* 207-236.
Kidd, D. C., & Castano, E.（2013）. Reading literary fiction improves theory of mind. *Science, 342,* 377-380.
Kintsch, W.（1998）. *Comprehension: A paradigm for cognition*. Cambridge: Cambridge University Press.

北村薫 (2001). リセット　新潮社.
Kneepkens, E. M. E. W., & Zwaan, R. A. (1994). Emotions and literarytext comprehension. *Poetics, 23*, 125–138.
米田英嗣 (2010). 物語理解と社会認知神経科学　楠見孝（編）現代の認知心理学 3 ——思考と言語　(pp. 270–290)　北大路書房.
Komeda, H., Kawasaki, M., Tsunemi, K., & Kusumi, T. (2009). Differences between estimating protagonists' emotions and evaluating readers' emotions in narrative comprehension. *Cognition & Emotion, 23*, 135–151.
Komeda, H., & Kusumi, T. (2006). The effect of protagonist's emotional shift on situation model construction. *Memory & Cognition, 34*, 1548–1556.
米田英嗣・楠見孝 (2007). 物語理解における感情過程——読者—主人公相互作用による状況モデル構築　心理学評論, 50, 163–179.
米田英嗣・仁平義明・楠見孝 (2005). 物語読解における読者の感情——予感，共感，違和感の役割　心理学研究, 75, 479–486.
Komeda, H., Tsunemi, K., Inohara, K., Kusumi, T., & Rapp, D. N. (2013). Beyond disposition: The processing consequences of explicit and implicit invocations of empathy. *Acta Psychologica, 142*, 349–355.
小森めぐみ (2012). 物語への移入が物語関連製品への広告評価に及ぼす影響——小説と映像を用いた検討　武蔵野大学人間科学研究所年報, 1, 79–90.
Kuiken, D., Miall, D. S., & Sikora, S. (2004). Forms of self-implication in literary reading. *Poetics Today, 25*, 171–203.
Kuiken, D., Phillips, L., Gregus, M., Miall, D. S., Verbitsky, M., & Tonkonogy, A. (2004). Locating self-modifying feelings within literary reading. *Discourse Processes, 38*, 267–286.
倉野憲司（校注）(1963). 古事記　岩波書店.
楠見孝 (2011). 批判的思考とは——市民リテラシーとジェネリックスキルの獲得　楠見孝・子安増生・道田泰司（編）批判的思考力を育む——学士力と社会人基礎力の基盤形成　(pp. 2–24)　有斐閣.
Lynn, S. J., & Rhue, J. W. (1986). The fantasy-prone person: Hypnosis, imagination, and creativity. *Journaol of Personality and Social Psychology, 51*, 404–408.
Mandler, J. M. (1982). Resent research on story grammars. In J. F. Le Ny, & W. Kintsch (Eds.) *Language and comprehension.* (pp. 207–218). Amsterdam: North Holland.
Mandler, J. M., & Johnson, N. S. (1977). Remembrance of things parsed: Story structure and recall. *Cognitive Psychology, 9*, 111–151.

Mar, R. A. (2011). The neural bases of social cognition and story comprehension. *Annual review of Psychology*, 62, 103–134.

Mar, R. A., & Oatley, K. (2008). The function of fiction is the abstraction and simulation of social experience. *Perspectives on Psychological Science*, 3(3), 173–192.

Mar, R. A., Oatley, K., Hirsh, J., dela Paz, J., & Peterson, J. B. (2006). Bookworms versus nerds: exposure to fiction versus non-fiction, divergent associations with social ability, and the simulation of fictional social worlds. *Journal of Research in Personality*, 40, 694–712.

Mar, R. A., Oatley, K., & Peterson, J. B. (2009). Exploring the link between reading fiction and empaghy: Ruling out individual differences and examining outcomes. *Communications*, 34, 407–426.

Marinak, B. A., & Gambell, L. B. (2010). Reading motivation: Exploring the elementary gender gap. *Literacy Research and Instruction*, 49, 129–141.

Mazzocco, P. M., Green, M. C., Sasota, J. A., & Jones, N. W. (2010). This story is not for everyone: Transportability and narrative persuasion. *Social Psychology and Personality Science*, 1, 361–368.

McCrae, R. R. & Costa, P. T. Jr. (1985). Openness to experience. In R. Hogan, & W. H. Jones (Eds.) *Perspectives in personality. Vol. 1.* Greenwich, CT: JAI Press. 145–172.

McFerran, B., Dahl, D. W., Gorn, G. J., & Honea, H. (2010). Motivational determinants of transportation into marketing narratives. *Journal of Consumer Psychology*, 20, 306–316.

Merckelbach, H., Horselenberg, R., & Muris, P. (2001). The Creative Experience Questionnaire (CEQ): A brief self-report measure of fantasy proneness. *Personality and Individual Differences*, 31, 987–995.

Miall, D. S. (1988). Affect and narrative: A model of response to stories. *Poetics*, 17, 259–272.

Miall, D. S. (1989). Beyond the schema given: Affective comprehension of literary narratives. *Cognition and Emotion*, 3, 55–78.

Miall, D. S. (2011). Emotions and the structuring of narrative responses. *Poetics Today*, 32, 323–348.

Miall, D. S., & Kuiken, D. (1995). Aspects of literary response: A new questionnaire. *Research in the Teaching of English*, 29, 37–58.

Miall, D. S., & Kuiken, D. (2002). A feeling for fiction: Becoming what we behold. *Poetics*, 30, 221–241.

宮崎拓弥・本山宏希・菱谷晋介 (2003). 名詞, 及び形容詞の感情価——快—不快次元についての標準化 イメージ心理学研究, 1(1), 48-59.

Mol, S. E., & Bus, A. G. (2011). To read or not to read: A meta-analysis of print exposure from infancy to early adulthood. *Psychological Bulletin*, 137, 267-296.

文部科学省 (2008a). 小学校学習指導要領. 〈http://www.mext.go.jp/a_menu/shotou/new-cs/youryou/syo/index.htm 2016年11月3日閲覧〉

文部科学省 (2008b). 中学校学習指導要領. 〈http://www.mext.go.jp/a_menu/shotou/new-cs/youryou/chu/index.htm 2016年11月3日閲覧〉

Murphy, S. T., Frank, L. B., Chatterjee, J. S., & Baezconde-Garbanati, L. (2013). Narrative versus nonnarative: The role of identification, transportation, and emotion in reducing health disabilities. *Journal of Communication*, 63, 116-137.

Naceur, A., & Schiefele, U. (2005). Motivation and learning - the role of interest in construction of representation of text and long-term retention: inter- and individual analysis. *European Journal of Psychology of Education*, 29, 155-170.

中野達馬・加藤和生 (2005). CAQ 版 ER 尺度 (CAQ-Ego-Resiliency Scale) 作成の試み パーソナリティ研究, 13, 272-274.

直井優 (編) (2005). 情報通信技術革命の文化的・社会的・心理的効果に関する調査研究 平成13～平成16年度科学研究費補助金 (基盤研究 A2 13301007) 研究成果報告書 大阪大学.

Nell, V. (1988). *Lost in a book: Psychology of reading for pleasure*. New Haven, CT: Yale University Press.

Oatley, K. (1995). A taxonomy of the emotions of literary response and a theory of identification in fictional narrative. *Poetics*, 23, 53-74.

Oatley, K. (1999a). Why fiction may be twice as true as fact: Fiction as cognitive and emotional simulation. *Reviews of General Psychology*, 3, 101-117.

Oatley, K. (1999b). Meeting of minds: Dialogue, sympathy, and identification, in reading fiction. *Poetics*, 26, 439-454.

Oatley, K. (2002). Emotions and the story worlds of fiction. In M. C. Green, J. J. Strange, & T. C. Brock (Eds.) *Narrative impact: Social and cognitive foundations*. (pp. 39-69) Mahwah, NJ: Lawrence Erlbaum.

Oatley, K. (2011). *Such stuff as dreams: The psychology of fiction*. Chichester: Wiley-Blackwell.

O'Brien, E. J., & Myers, J. L. (1994). Text comprehension: A view from the bottom up. In S.

R. Goldman, A. C. Graesser, & P. van den Broek (Eds.) *Narrative comprehension, causality, and coherence: essays in honor of Tom Trabasso.* (pp. 35-53). Mahwah, NJ: Lawrence Erlbaum Associates.

Odağ, Ö. (2013). Emotional engagement during literary reception: Do men and women differ? *Cognition & Emotion,* 27, 856-874.

Olson, M. W., & Gee, T. C. (1988). Underdtanding narratives: A review of story grammar research. *Childhood Education,* 64, 302-306.

小川未明（1951）．小川未明童話集　新潮社．

岡田斉・松岡和生・轟知佳（2004）．質問紙による空想傾向の測定――Creative Experience Questionnaire 日本語版（CEQ-J）の作成　人間科学研究, 26, 153-161.

折口信夫（2002）．古代研究 I――祭りの発生　中央公論新社

折口信夫（2003）．古代研究 III――国文学の発生　中央公論新社

Radvansky, G. A. (2012). Across the event horizon. *Current Directions in Psychological Science,* 21, 269-272.

Richardson, A. (1969). *Mental Imagery.* London: Routledge and Kegan Paul.（リチャードソン A. 鬼沢貞・滝浦静雄（訳）（1973）．心像　紀伊国屋書店）

Roche, S. M., & McConkey, K. M. (1990). Absorption: Nature, assessment, and correlates. *Journal of Personality and Social Psychology,* 59, 91-101.

Sadoski, M., Geotz, E. T., & Rodriguez, M. (2000). Engaging texts: effects of concreteness on comprehensibility, interest, and recall in four text types. *Journal of Educational Psychology,* 92, 85-95.

阪本一郎（1971）．現代の読書心理学　金子書房．

坂本真士（1997）．自己注目と抑うつの社会心理学　東京大学出版会．

Sakamoto, S. (1998). The preoccupation scale: Its development and relationship with depression scales. *Journal of Clinical Psychology,* 54, 645-654.

Salen, K., & Zimmerman, E. (2004). *Rules of play: Game design fundamentals.* Cambridge, MA; The MIT Press.

Sanford, A. J. (2008). Defining embodiment in understanding. In M. de Vega, A. M. Glenberg, & A. C. Graesser (Eds.) *Synbols and embodiment: Debates on meaning and cognition.* (pp. 181-194). New York: Oxford University Press.

Sanford, A. J., & Emmott, C. (2012). *Mind, brain and narrative.* Cambridge: Cambridge University Press.

佐々木良輔（1998）．「思いやりの気持ち」に与える読書の影響　読書科学, 42, 47-59.

Schaffner, E., & Schiefele, U. (2007). Auswirkungen habitueller lesemotivation auf die situative textrepräsentation [Effects of habitual reading motivation on the situational representation of text]. *Psychologie in Erziehung und Unterricht*, 54(4), 268-286.

Schaffner, E., Schiefele, U., & Ulferts, H. (2013). Reading amount as a mediator of the effects of intrinsic and extrinsic reading motivation on reading comprehension. *Reading Research Quarterly*, 48, 369-385.

Schank, R. C. (1982). *Dynamic memory: a theory of reminding and learning in computer and people.* New York: Cambridge University Press. (シャンク R. C. 黒川利明・黒川容子 (訳) (1988). ダイナミック・メモリ――認知科学的アプローチ 近代科学社)

Schank, R. C. & Abelson, W. E. (Eds.). (1977). *Script, plans, goals and understanding; An inquiry into human knowledge structures.* Hillsdale, NJ: Lawrence Erlbaum Association.

Schiefele, U. (1991). Interest, learning and motivation. *Educational Psychologist*, 26, 299-323.

Schiefele, U., Schaffner, E., Möller, J., & Wigfield, A. (2012). Dimensions of reading motivation and their relation to reading behavior and competence. *Reading Research Quarterly*, 47, 427-463.

Segal, E. M. (1995). A cognitive-phenomenological theory of fictional narrative. In J. F. Dunchan, G. A. Bruder, & L. E. Hewitt (Eds.) *Deixis in narrative: A cognitive science perspective.* (pp. 61-78). Hillsdale, NJ: Lawrence Erlbaum Associates.

Sheehan, P. W. (1967). A shortened form of Betts' questionnaire upon mental imagery. *Journal of Clinical Psychology*, 23, 386-389.

真銅正宏 (2007). 小説の方法――ポストモダン文学講義 萌書房.

Skov, M., & Vartanian, O. (2009). *Neuroaesthetics, foundations and frontiers in aesthetics.* New York: Baywood Publishing.

平知宏 (2010). 比喩理解と身体化認知. 楠見孝 (編) 現代の認知心理学3――思考と言語―― (pp. 245-269). 北大路書房.

Tal-Or, N., & Cohen, J. (2010). Understanding audience involvement: Concept and manipulating identification and transportation. *Poetics*, 38, 402-418.

田中優子・楠見孝 (2007). 批判的思考プロセスにおけるメタ認知の役割 心理学評論, 50, 256-269.

Tellegen, A., & Atkinson, G. (1974). Openness to absorbing and self-altering experiences ("Absorption"), a trait related to hypnotic susceptibility. *Journal of Abnormal Psychol-*

ogy, 83, 268-277.

Thorndyke, P. W. (1977). Cognitive structures in comprehension and memory of narrative. *Cognitive Psychology*, 9, 77-110.

登張真稲 (2003). 青年期の共感性の発達――多次元的視点による検討　発達心理学研究, 14, 136-148.

常深浩平・楠見孝 (2009). 物語理解を支える知覚・運動処理――疑似自伝的記憶モデルの試み　心理学評論, 52, 529-544.

van den Broek, P., Risden, K., Fletcher, C. R., & Thurlow, R. (1996). A "landscape" view of reading: Fluctuating patterns of activation and the construction of a stable memory representation. In B. K. Britton & A. C. Graesser (Eds.) *Models of understanding text.* (pp. 165-187). Hillsdale, NJ: Erlbaum.

van den Broek, P., Young, M., Tzeng, Y., & Linderholm, T. (1999). The landscape model of reading: Inferences and the online construction of a memory representation. In H. van Oostendorp & S. R. Goldman (Eds.) *The construction of mental representations during reading.* (pp. 71-98). Mahwah, NJ: Erlbaum.

Van Der Bolt, L., & Tellegen, S. (1996). Sex differences in intrinsic reading motivation and emotional reading experience. *Imagination, Cognition and Personality*, 15, 337-349.

van Dijk, T. A., & Kintsch, W. (1983). *Strategies of discourse comprehension.* New York: Academic Press.

van Laer, T., De Ruiter, K., Visconti, L. M., & Wetzels, M. (2014). The extended transportation-imagery model: A meta-analysis of the antecedents and consequences of consumers' narrative transportation. *Journal of Consumer Research*, 40, 797-817.

Watkins, M. W. & Coffey (2004). Reading motivation: Multidimensional and indeterminate. *Journal of Educational Psychology*, 96, 110-118.

Wigfield, A., & Guthrie, J. T. (1997). Relations of children's motivation for reading to the amount of breadth of their reading. *Journal of Educational Psychology*, 89, 420-432.

Wild, T. C., Kuiken, D., & Schopflocher, D. (1995). The role of absorption in experiential involvement. *Journal of Personality and Social Psychology*, 69, 569-579.

Williams, J. H., Green, M. C., Kohler, C., Allison, J. J., & Houston, T. K. (2010). Stories to communicate risks about tobacco: Development of a brief scale to measure transportation into a video story – The ACCE Project. *Health Education Journal*, 70, 184-191.

Wilson, S. C., & Barber, T. X. (1983). Fantasy-prone personality: Implications for understanding imagery, hypnosis and parapsychological phenomena. In A. A. Sheikh (Ed.)

Imagery: current theory, research, and application. (pp. 340-387). New York: Willy.
Wollheim, R. (1974). Identification and imagination. In R. Wollheim (Ed.) *Freud: A Collection of Critical Essays.* (pp. 172-195). New York: Anchor.
Yale, R. N. (2013). Measuring narrative believability: Development and validation of the Narrative Believability Scale (NBS-12). *Journal of Communication,* 63, 578-599.
與謝野晶子 (1971). 全訳源氏物語 (中) 角川書店.
Zwaan, R. A. (1999a). Embodied cognition, perceptual symbols, and situation models. *Discourse Processes,* 28, 81-88.
Zwaan, R. A. (1999b). Five dimensions of narrative comprehension: the event indexing model. In S. R. Goldman, A. C. Graesser, & P. van den Broek (Eds.) *Narrative comprehension, causality, and coherence: Essays in honor of Tom Trabasso.* (pp. 93-110). Mahwah, NJ: Lawrence Erlbaum Associates.
Zwaan, R. A. (2004). The immersed experiencer: Toward an embodied theory of language comprehension. In B. H. Ross (Ed.) *The psychology of learning and motivation,* Vol. 44 (pp. 35-62). NY: Academic Press.
Zwaan, R. A., Langston, M. C., & Graesser, A. C. (1995). The construction of situation models in narrative comprehension: An event-indexing model. *Psychological Science,* 6, 292-297.
Zwaan, R. A., Magliano, J. P., & Graesser, A. C. (1995). Dimensions of situation model construction in narrative comprehension. *Journal of Experimental Psychology,* 21, 386-397.
Zwaan, R. A., & Radvansky, G. A. (1998). Situation models in language comprehension and memory. *Psychological Bulletin,* 123, 162-185.

索　引

CEQ（Creative Experience Questionnaire 空想傾向尺度）　54, 63　→ I I I
ER 尺度　55
I I I（Imaginative Involvement Inventory イメージへの没頭尺度）　54, 63, 105　→ CEQ
I-T 相関　51
LRQ　→文学反応質問紙
　　LRQ-J　51, 53, 74, 84, 122
NTS-J（日本語版移入尺度）　99, 110　→移入尺度
NTS-SF（移入尺度短縮版）　102, 104, 106, 110　→移入尺度
Questionnaire upon Mental Imagery（QMI 体感モダリティ測定尺度）　54
α 係数　43, 52, 60
移入　27-28, 96, 157
　　移入―イメージモデル（transportation-imagery model of narrative persuasion）　97
　　移入尺度　12, 97, 99, 109
　　　　NTS-J（日本語版移入尺度）　99, 109　→移入尺度
　　　　NTS-SF（移入尺度短縮版）　102, 104, 106, 110　→移入尺度
イベントインデックスモデル　20-21, 118
イメージ　28, 36, 62, 64, 115, 148　→共感
　　イメージ化　34
因果関係　5, 126
因子　43, 46, 105
　　因子数　56

因子分析　43, 46, 51-52, 56, 102, 122
　　確証的因子分析　101　→因子分析
ウェブ調査　73, 99
解離　141
学習指導要領　6
確証的因子分析　101　→因子分析
感情移入　31, 34, 36　→共感，同一化
感情喚起尺度　120
共感　31-32, 34, 36, 62, 116　→イメージ，感情移入，同一化
虚構　3, 6
言語能力　7
語彙力　ii, 160
構造方程式モデリング　77, 88
国語科　3, 6
心の理論　157
個人差　45, 67, 156
催眠　25
自我の回復力　55, 64
自己変容感情仮説（hypothesis of Self-modifying feeling）　68, 81
シミュレーション　22, 156
社会心理学　5, 27, 156
尺度　10, 41, 77, 139
重回帰分析　118, 121
従属変数　118, 125
状況モデル　20, 22, 118, 147, 155
小説　5
状態　24-25, 95, 138
神経美学　158

身体化認知　116
信頼性　42, 74, 104, 106
心理状態　162
スキーマ　18
スクリプト　18
性差　59, 83, 86
相関　iv, 75
　　相関係数　iv, 60, 123, 130
他者理解　157, 162
妥当性　42, 60, 106
注意　26, 34, 148
適合度　77-78, 101
同一化（identification）　30, 32, 34, 36, 148
　　→共感，感情移入
登場人物　5, 31, 148
読者反応論　68, 158
読書習慣　71
読書への動機づけ（reading motivation）
　　71-72, 80, 82, 142, 150
特性　24-25, 41, 138
読解時間　117, 121, 125, 128-129, 132
ナラティブアプローチ　161
日本版 LRQ　→ LRQ-J
認知心理学　5, 18, 155
パーソナリティ　24
批判的思考態度　83-84, 87, 91
表象　19-20
フロー　143
　　フロー体験（flow experience）　29
文学　5, 67, 142, 158

文学作品　5
文学的体験　12, 68-69, 72, 79, 89-90, 109, 141, 151
文学理論　33
文学反応質問紙（Literary Response Questionnaire: LRQ）　11, 33, 42, 44
分散分析　125
文章理解力　ii, 160
分析　60
没入
　　没入教示　132
　　没入性　26, 35, 53-54, 63, 101, 140
　　没入体験　10, 23, 34, 70, 86, 95, 126, 132, 137, 147, 150, 159
　　読みへの没頭　27, 36　→→没入
物語　i, 3-4, 119-120, 161
　　物語読解　23, 126　→物語理解
　　物語世界　9, 21-22
　　物語世界への移入仮説（transportation into narrative world hypothesis）　28
　　物語への没入　10, 117
　　物語没入―読解モデル　146
　　物語理解　17, 115, 143　→物語読解
　　物語理解・関与モデル（Model of narrative comprehension and engagement）　145
有意　iv, 51
余暇活動　74, 80, 85
読みへの没頭　27, 36　→→没入
臨床心理学　5, 161

[著者紹介]

小山内 秀和（おさない ひでかず）

文教大学大学院人間科学研究科修士課程修了。京都大学大学院教育学研究科博士後期課程修了。

博士（教育学）。臨床心理士。現在，浜松学院大学現代コミュニケーション学部講師。

専門は，教育心理学，認知心理学，発達心理学。

（プリミエ・コレクション 84）
物語世界への没入体験
──読解過程における位置づけとその機能　　©Hidekazu OSANAI 2017

2017年3月31日　初版第一刷発行

著　者		小山内秀和
発行人		末原達郎
発行所		京都大学学術出版会

京都市左京区吉田近衛町69番地
京都大学吉田南構内（〒606-8315）
電　話（075）761-6182
FAX（075）761-6190
URL http://www.kyoto-up.or.jp
振　替 01000-8-64677

ISBN 978-4-8140-0083-8

Printed in Japan

印刷・製本　亜細亜印刷株式会社
装幀　鷺草デザイン事務所
定価はカバーに表示してあります

本書のコピー，スキャン，デジタル化等の無断複製は著作権法上での例外を除き禁じられています。本書を代行業者等の第三者に依頼してスキャンやデジタル化することは，たとえ個人や家庭内での利用でも著作権法違反です。